부자를 꿈꾸지만
부동산은 처음인 당신에게

부자를 꿈꾸지만 부동산은 처음인 당신에게

한 권으로 꿰뚫는
부동산길

정선미 지음

빅마우스

부동산 속성을 알면
당신도 부자가 될 수 있다

　여성 사업가가 많지 않던 시절부터 부동산업을 시작해 30년 넘도록 이 길을 묵묵히 가고 있다. 그동안 나는 수많은 우여곡절을 겪으며 치열하게 살아왔다. 뿌리는 대로 거두는 만고불변의 이치에 생을 갈아 넣으며 나의 업에 부단히 천착했다.

　지금도 나는 여성 사업가로서 나의 바운더리를 확장해가고 있다. 상위 1% 부자들과 교류하면서 그들의 경제관과 인생관을 들여다보고, 세상을 조망하고 선점하는 그들의 혜안을 나의 통찰에 접목하며 자산은 물론 선도적 지성까지 키워나가고 있다. 이를 바탕으로 이른바 노블레스 오블리주 실천과 함께 모두가 잘사는 길 또한 꾸준히 모색하고 있다. 부동산을 부의 파이프라인으로 삼은 이 책의 출간은 그 일환이다.

누구나 부자가 될 수 있지만, 아무나 부자가 될 수는 없다. 성실을 토대로 부의 머리를 틔워야 하고 부의 속성에 눈을 떠야 한다. 특히 부동산 속성을 꿰뚫어야 한다는 것이 나의 지론이다.

부의 효과적인 증식 수단인 부동산. 그런데 그 투자가 투기여선 안 된다. 장거리 마라톤의 여정으로 생각하고 신중하게, 그러면서도 희망차게 접근해야 한다. 자기 노력 없이 부동산으로 벼락부자가 되겠다며 막무가내 달려들었다간 낭패를 보기 십상이다. 그런 접근은 도박과 별반 다르지 않기 때문이다. 말만 앞세운 높은 수익률에 현혹되어 냉큼 투자했다가 패가망신한 사람이 얼마나 많던가.

부동산 투자는 주식 투자와 완전히 다르다. 부동산은 인간의 필수요소 '의식주' 중 하나인 만큼 실생활과 가장 밀접해 있는 기본 중의 기본 영역이다. 그러니 투자에 앞서 잘 알아야 한다. 잘못된 접근으로 '주'의 영역을 망가뜨린다면 지금 같은 100세 시대에 그야말로 생지옥이 펼쳐질 수 있다.

한편, 투자 실패를 미끼로 한 뜬구름 강의도 경계해야 한다. 실패 없는 부동산 노하우를 터득한다는 명목으로 오랜 시간 강의비를 수천 이상 쏟아붓는 '부린이'들을 제법 본다. 그런 이들을 보자면 안타깝기 짝이 없다. 배운다는 건 좋은 일이지만, 실전 없는 이론에 매달리는 것은 부질없는 헛수고일 뿐이다. 경제적·시간적 자유가 있는 부유한 인생을 꿈꾸며 적지 않은 강의비를 감수했을 테지만, 듣기만 해서는 드라마틱한 그 어떤 일도 일어나지 않는다.

명백하게 실패의 길로 내달리는 부린이들과 성공 도파민에 중독되어 막연하게 '프로 수강러'의 늪에 빠져 있는 선무당 투자자들을 그냥 놔둘 순 없는 일이다. 그래서 이 책을 썼다. 나는 이 책에 나의 사명감을 태운 실전 노하우를 총 4장에 걸쳐 녹여냈다. 그 대략의 구성은 다음과 같다.

  1장은 '부동산 투자 입문' 파트로, 실제적 경험과 관찰로 투자 안목을 키우는 법을 다룬다.
  2장은 '부동산 투자의 정석' 파트로, 시장 흐름을 읽고 리스크를 통제하며 전략적으로 매수·매도하는 법을 밝힌다.
  3장은 '부동산 투자 실전 사례' 파트로, 수익을 창출하는 다양한 사례를 바탕으로 투자 감각을 일깨운다.
  4장은 '재개발·재건축 투자전략' 파트로, 관련 용어와 절차를 정확히 이해하고 장기적 안목으로 기회를 잡으며 리스크을 줄이는 법을 논한다.

이 책을 지금 펼쳐 보고 있다면 희망이 있다. 이 책을 선택했다는 것은 나름의 눈이 있다는 방증이기 때문이다. 단언컨대 이 책이 부동산 투자 안목과 감각을 키워줄 것이다. 투자하는 데 감당할 만큼의 절제력을 키워줄 것이다. 천천히, 그러나 확실히 부를 쌓아줄 것이다.

그래서 《부자를 꿈꾸지만 부동산은 처음인 당신에게》이다. 이 책이 어제보다 더 나은 환경으로 올라가는 발판이 되길, 그래서 더욱더 행복한 인생을 가능케 하는 치트키가 되길 간절히 바란다.

정선미

Prologue

부동산 속성을 알면 당신도 부자가 될 수 있다 4

PART 1
부동산 투자 입문

01 직장인도 파이프라인을 만들라 12
02 부동산의 첫발, 나의 동네부터 투어하기 17
03 부동산 임장은 여행처럼 22
04 복부인은 있어도 복남자는 없다 27
05 지랄배기 부동산 전문가를 찾아라 32
06 부린이 투자 기준은 이렇게 36
07 노동으로만 사는 건 바보다 39

SM STORY 생각 속에 인생은 각인된다 46

PART 2
부동산 투자의 정석

01 잘 살아서 잘사는 곳, 대장 아파트를 꿈꾸라 54
02 경매, 돈 내고 배우지 말라 57
03 감당할 수 있는 만큼만 저질러라 68
04 지방 시대, 조망권의 땅을 사라 74
05 색깔별 자자체 현황을 꿰뚫어라 81
06 부동산은 언제든 손절한다 83

SM STORY 내가 본 부자들은 모두 긍정이더라 90

PART 3
부동산 투자 실전 사례

01 3천으로 투자하기 96
02 시세 차익 말고 수익형으로 돈 벌기 103
03 실물 부동산 부시고 고쳐서 수익 내기 118
04 실물 부동산 쉐어하우스 수익 내기 123
05 작은 꼬마 시행, 꼬마 빌딩 129
06 임대 사업을 하는 고충 137
07 자장면도 못 사 먹는 건물주 142
08 아파트 부자는 괴롭다 146
09 그대여, 튕겨라 150
10 못된 주인 길들이기 154

SM STORY 돈보다 더 귀한, 사람 157

PART 4
재개발·재건축 투자전략

01 대출받을 때 알아둬야 할 것들 164
02 재개발, 어렵지만 알아둬야 할 것들 181
03 재건축, 어렵지만 알아둬야 할 것들 216
04 부동산 용어만 알아도 부린이 탈출! 232
05 재개발과 재건축에 대한 고찰 277

SM STORY 기회는 온다, 준비된 자에게 286

Epilogue
한 번에 이루어지는 것은 없다 292

부자를 꿈꾸지만 부동산은 처음인 당신에게

PART 1

부동산 투자 입문

직장인도
파이프라인을
만들라

　직장인들도 직장 밖에서 부동산으로 소득을 창출할 여러 방법이 있다. 부동산은 직장인들이 가장 선호하고 가장 안정적으로 투자할 수 있고 노후를 대비하여 연금으로도 활용할 수 있는 최적의 투자처다.

　일반적으로 원, 투룸이나 다가구를 매입하여 월세를 제2의 고정수입으로 투자하는 경우가 많다. 공실 발생이 적고 유동성이 많고 주변 일대 일자리가 많은 신도시 위주의 물건을 잘 선정해서 매입하고 유지보수 및 관리를 철저히 하면 공실 리스크는 더욱더 줄어들기에 철저한 계획을 세워야 한다.

　에어비앤비 운영은 짧은 기간 동안 방문객에게 임대하여 수입을 얻는 흔한 전략 중 하나다. 특히 관광지나 출장지에서 부동산을 유심히 살펴보고 알아보면 안정적인 임대수익을 노려볼 만한 물건을 찾을 수 있을 것이다.

부동산 플립(flip)은 시세 차익을 목적으로 어떤 자산을 매수해 짧게 보유하고 있다가 파는 것을 의미한다. 예를 들어 실물 부동산인 상가나 아파트, 오피스텔 등은 전매를 통해 단기간 시세 차익으로 수익을 만들 수 있다. 낡은 주택을 매입해서 리모델링 후 곧바로 되파는 형태도 부동산 플립이다. 그러나 단기 매매는 세금에서 벗어날 수 없는 단점이 있으므로 잘 검토하고 결정해야 한다.

소유한 아파트는 전세나 월세로 수익을 얻을 수도 있지만 쉐어하우스로 수익화하는 방법도 있다. 화장실이 딸린 방은 보증금과 임대료를 더 받을 수 있고 거실은 함께 쓰되 공용 화장실을 쓰는 이들에게는 임대료를 상대적으로 적게 책정하여 수익을 내기도 한다. 내가 가지고 있는 대학가 근처 교통이 좋은 역세권 오피스텔은 여대생 세 명을 임차인으로 쉐어하면서 공실 없이 임대수익을 낼 수 있었다.

돈 버는 방법은 그 밖에도 다양한데, 사업자 등록이나 창업에 대한 수입도 고려할 만하다. 자신의 전문지식을 활용하여 온라인 강의를 개설하거나 디지털 콘텐츠를 판매하여 수익을 낼 수도 있다. 현재 대기업 직장을 다니고 있는 딸에게 근로소득만 가지고 집을 사고 아이를 키우는 데는 한계가 있으니 다른 여러 소득을 창출하는 방법을 늘 얘기해주고 있다.

삼삼엠투(https://33m².co.kr/)는 단기 임대 등을 할 수 있는 부동산 플랫폼이다. 임대인과 잘 협의하여 전대차만 가능하다면 직장인의 부업으로 이만한 수입이 없다. 건물 소유주(임대인) 모르게 전대하는 것은 불법은 아니지만 법적인 문제로 골치 아픈 일이 생길 수 있기에 몇십만 원 벌어보겠다고 큰 꿈만 갖고 임대인의 동의 없이 시작해서는 안 된다. 그렇게 하면 분명 손해를 감당해야 한다.

임대인이 시쳇말로 꼬장을 부리면 원상 복구해야 하고 매일 심장 뛰는 경험을 하게 되므로 직장에서 불안한 하루를 보내야 한다. 요즘엔 또 말도 안 되는 강의비를 받고 무조건 삼삼엠투를 하면 큰 수익을 낼 수 있다고 가르치는 곳이 있는데, 이런 곳에 수강료 500~1,000만 원씩 들여서 배우는 건 바보짓이다.

단기 임대업 전대차는 수입이 많지 않기에 잘 따져보길 바란다. 콘텐츠 범람으로 절대 가볍게 생각하지 말고 직장인이라면 원룸이나 투룸 정도로 시작하길 권한다. 처음부터 건물을 통으로 전대차를 하는 건 반대다. 삼삼엠투 플랫폼을 통해서 판매하고 충분한 경험이 생겼을 때 조금씩 사업을 확장해가길 바란다. 스스로 무덤을 파는 불법적인 행위는 절대 하지 말고 임대인이 전대차를 허가해주는 매물을 중개하는 공인중개사를 찾아내는 게 좋다. 에어비앤비보다 여러 조건이 수월하다.

파이프라인을 만들 방법으로 암호화 화폐, 주식, 외환거래, 조각 투자도 있지만 개인적으로 적극 추천하지는 않는다. 단, 내가 부동산 수익 구조가 안정적으로 운영이 되고, 그 운영 자금 중 일부의 자금으로 주식이나 코인 등을 경험해보는 투자는 권유해볼 수 있겠다. 그러나 큰 수익에만 눈이 멀어 결국 대출까지 받아서 코인이나 주식에 '몰빵'하는 것은 지옥행 열차에 올라타는 것과 같기에 절대 금지다.

프리랜서 또는 컨설턴트로 일하면서 제2의 소득원을 만들 방법이 있다. 자신의 전문 분야에서 프리랜서나 컨설턴트로 활동하여 수입을 얻을 수 있고 자신의 기술과 경험을 활용하여 클라이언트에게 서비스를 제공할 수 있다. 특히 부동산업은 직장을 갖고 있더라도 얼마든지 프리랜서로 일할 수 있기에 배움의 열정이 있다면 도전해보는 것도 좋다. 관심 있다면 '피제이스튜디오'를 통해 접촉하거나 메일을 보내보자(golden.para.studio@gmail.com).

또 다른 방법으로, 온라인 비즈니스를 통한 소득 창출도 있다. 인터넷을 통해 상품이나 서비스를 판매하여 수익을 창출하는 것이다. 이는 전자상거래 플랫폼을 활용한 제품 판매, 콘텐츠 제공, 온라인 강의 등 다양한 형태로 이루어질 수 있기에 내가 잘하는 분야가 어떤 것이고 어떤 형태로 소득을 창출할 수 있는지 방법을 연구해서 당장 실행해보길 바란다.

또한 자신의 자동차를 공유하거나 차량공유 플랫폼에 참여하여 수입을 얻는 방법도 있다. 헤지펀드나 투자기금에 투자하여 수익을 내고 개인의 특정한 기술 관심사, 자원 등을 고려하여 적절한 방법으로 파이프라인도 만들어보자. 특히 자신의 역량과 목표에 부합하는 다양한 수입원을 만들어보면 나의 성향과 조건에 맞는 투자가 무엇이고 어디에 비중을 더 늘려야 할지 해답을 찾을 수가 있다.

이러한 파이프라인을 만드는 방법들은 저마다 장단점이 있으며, 개인의 상황과 선호도에 따라 적합한 방법을 선택할 수 있다. 중요한 점은 다양한 소득원을 가짐으로써 리스크를 분산하고 안정적인 재정

상태를 유지하는 것이다. 파이프라인은 우리가 병들어도, 사고를 당해도, 은퇴를 해도 계속 수입이 발생하므로 생명줄과 다름없다.

우리의 부모 세대는 자식을 키우고 생계를 책임지는 경제 활동이 주된 직장이나 직업으로만 감당할 수 있었지만, 세상이 변한 지금 우리는 한 직장으로 내 노후를 책임지며 늦깎이 출산 육아에 대한 책임까지 짊어지고 가야만 하는 현실은 그다지 녹록지 않다. 맛있는 음식도 먹어야 하고 여행도 즐기는, 그런 라이프 스타일을 꿈꾼다면 반드시 내 소득을 지속적으로 늘리기 위한 여러 노력이 필요하다.

'태어나서 가난한 건 내 죄가 아니지만 가난하게 죽는 건 내 죄다.'

빌 게이츠의 이 명언을 되새기자. 모든 결과는 나의 선택에 달려 있다.

부동산의 첫발, 나의 동네부터 투어하기

　부동산 공부는 스킨로션을 바르듯이 가까이에서 눈에 익히고 귀에 닿을 수 있는 자연스러운 방법으로 시작해야 한다. 그래야 부동산을 두려워하지 않고 잘 흡수할 수 있다. 내 주변 상권과 시장 흐름을 이해하고 싶다면 가까운 동네 부동산으로 공부하면 된다. 그 어렵다는 부동산 시장의 특징과 동향을 파악하는 데 이해가 쉬워진다. 그러나 대부분의 사람은 인터넷이나 유튜브를 활용한 온라인 정보 수집에 집중하다 보니 정확한 정보를 놓치는 경우가 있다.

　스마트폰에서 내가 검색하는 단어나 문장은 대체로 한정적이다. 자극적인 문구나 문장을 쓰게 되면 알고리즘이 진실과 거짓 정보를 가려내지 않은 채 무조건 나에게 노출하기 십상이다. 그러면 자칫 정확한 정보라고 믿고 공부를 하게 되는데, 그건 빠져나오기 힘든 늪에 들어가는 꼴이다.

검색은 객관적인 자료로만 참고하고, 직접 부동산 시장(공인중개사 사무소 방문, 부동산 카페, 투자모임 등)으로 들어가는 게 좋다. 모르거나 헷갈리는 정보는 시, 군, 구의 정보공개 창을 이용하여 확인하자. 그리고 가격과 수요, 공급 상황을 잘 파악하여 좀 더 쉽게 접근할 기회를 만들어야 한다.

공부하다 보면 교통, 편의성, 교육기관, 관공서, 마켓 등 내 주변의 인프라가 어느 정도 파악되는데, 그렇게만 해도 투자의 기본은 서게 된다. 부동산은 과거의 경험(각종 데이터베이스, 정책, 금리, 환율 등)을 토대로 미래가치를 예측하기가 상대적으로 수월하므로 부동산 투자를 결정하는 데 힘이 생기고 투자에 대한 모험에 도전해보고 싶은 용기가 자연스럽게 생긴다.

내 주변의 발전 계획, 재개발, 재건축, 여러 개발 프로젝트, 인프라 구축 등이 부동산 가치에 얼마나 많은 영향을 주고 있는지 실감하게 될 것이다. 거주 환경에 대해 냉정하고 정확한 평가를 하게 되고 내가 사는 실거주 목적과 투자 가치를 따져서 더욱 현실적인 측면에서 이해할 수 있게 된다. 또한 세금 및 유지보수 비용 등 스스로 예측하고 방어할 힘이 생긴다.

장기적인 관점에서 보면 투자에 대해 더 나은 전략을 세울 수 있고 다른 사람의 의견을 객관적으로 판단할 능력과 계획을 세울 수 있다. 임장을 통해 부동산 매물들의 위치나 현황을 지도에서 확인하고, 효율적인 경로를 잘 파악하게 된다. 그로 인해 시간을 절약할 수 있고, 지치지 않게 공부할 방법을 터득하게 된다.

특히 공인중개사나 여러 전문가 또는 컨설팅업자의 매매 유도에 대해 스스로 질문할 기회가 생긴다. 항상 투어나 임장 시에 질문할 예상 질문지를 만들어 차분하게 질의하고, 이해가 안 되는 것들은 다시 한번 물어보고 확인하면서 공부해야 한다.

임장이나 투어 중 기록은 일기처럼 남기고 사진을 찍어두자. 그렇게 여러 매물을 비교할 수 있는 희열을 느껴보자. 그만큼 부동산 안목과 실력이 향상되고 있음을 느낄 것이다. 내 동네에서 벗어나 건너편 동네를 비교하고 최적의 선택을 할 수 있게 되므로 부동산은 반드시 내가 살고 있는 주변 시세를 파악하는 게 우선이다.

사람의 의식주가 해결되는 주거 상품인 아파트나 다가구 근생 원룸 등 그 주변에 10만 인구 정도의 생활 인프라가 형성되면 기업에서 큰 마트를 오픈하게 되는 시스템 또한 알 수 있다. 통상적으로 30만에서 50만 정도의 인구분포에 따라 농수산물 시장이 열리게 되는데, 주변의 주거 환경에 대한 입지를 나 스스로 느끼게 되면서 자연스레 부동산 공부를 할 수 있다.

항상 전문가와의 열린 소통을 유지하고 가격, 조건, 여러 가지 협상 등 나의 자금력이나 금융권 활용 등 서로 의견을 솔직 담백하게 나누고 필요한 정보를 얻어보자. 그러기 위해서 동네 부동산 투어에 대해 시작부터 용기를 내보는 걸 적극 추천한다.

부동산은 처음 듣는 용어에 법률, 세금까지 전혀 지식이 없기에 최대한 초보자의 관점에서 하나씩 배우는 게 중요하다. 긴 시간 동안 책만 본다거나 강의만 따라다니는 것보다는 동네 부동산 투어를 추천하는 이유가 있다. 그냥 연습 삼아 박카스 한 박스 사 들고 공인중개사 사무소를 방문해보자.

내가 사는 주거지부터 근생 또는 다가구 빌라, 아파트 등 투자해보고 싶은 부동산의 종류를 하나 정해서 서너 번씩 물어보면 초보자여도 막연하게 알아듣는 게 있을 것이다. 사람이 보유하는 주택 수가 아닌 어느 주택은 1가구 2주택에 해당되지 않는 것도 있고, 오피스텔 임대업이 아파트 임대 수입보다 더 매력적인지 주변 공인중개사 사무소에서는 잘 알고 있다.

1인 가구 시대가 형성되면서 중소형 아파트 가격이나 전세 가격이 상승장인 추세다. 또 젊은 청년들의 창업이나 자영업자도 많이 증가하면서 작은 호텔이나 작은 오피스텔에 대한 수요가 증가하기 때문에 꼭 내가 가진 자금이 많지 않아도 동네 공인중개사와 친해지면 돈 벌 기회가 자연스럽게 확보된다. 박카스 한 박스로 뜻밖의 큰 기회를 얻을 수 있음을 기대해봐도 좋다.

부동산은 꼭 자금이 많아야 할 수 있는 게 아니다. 정보를 많이 갖고 있으면 굳이 큰돈이 아니더라도 얼마든지 투자상품을 포착할 수 있다. 특히 시대의 흐름에 따라 부동산도 유행을 타게 되는 상품이 있다. 예를 들어 아파트 지하와 연결되는 주차장이 있을 때는 지상 주차장이 있던 예전과는 다르게 아파트 단지 내에 있는 상가가 활성화가 잘 안되는 경우가 많다. 지하에 차를 대고 그냥 자기 집으로 들어가는 게 편하기 때문이다. 예전에는 지상 주차장에 차를 대고 한두 번 상가에 들러 무언가를 사서 들어가던 시대가 있었다.

거듭 말하지만, 실력 향상을 위해 주변 부동산 활용을 적극 권장한다. 특히 동네 투어를 많이 하다 보면 특정 다가구 건물의 시세를 알 수 있고 수익률에 대해서도 관심 갖고 있는 물건에 대해서도 좋은 물건인지 아닌지도 판단하기 쉽다.

부동산 푸어족들이 갖고 있는 물건들은 빈껍데기일 경우가 많고 사기성이 있는 물건도 있다. 수익률을 미리 짜놓고 중개 물건으로 내놓는 경우에는 자칫 내가 그 함정에 빠져 큰 리스크를 감당해야 할 수도 있다. 그 동네의 사정을 속속들이 아는 이가 부동산업을 하는 경우가 많기에 이런 공인중개사들과 친분을 맺어두면 결코 손해 볼 일이 없다.

오늘은 커다란 식빵 한 봉지 사 들고 부동산 문을 당당히 열어보자. 아마 환히 반겨주며 또 다른 세상 이야기를 들려줄 것이다. 여러 부동산을 다녀봐야 어느 공인중개사가 좋은 매물을 갖고 있는지도 알 수 있다.

부동산
임장은
여행처럼

비행기에서 내린 후 유럽 열차를 타고 숙소까지의 이동은 흥분 그 자체다. 유럽 열차는 내게 늘 그리워하는 법을 가르쳐줬다. 벌써 10년이 흘렀다. 나는 모든 여행이 임장이다. 부동산을 하는 사람들이 이런 낭만이 있으니 얼마나 행복한가!

구안와사가 올 정도로 건강을 망쳐가면서 미친 듯 일을 하다가 여행하기 3일 전에 티켓팅하고 스페인 바르셀로나와 마드리드로 훌쩍 떠난 적이 있다. 마치 무엇에 홀린 듯한 여정으로 말이다. 잠시 그때를 공유한다.

스페인 마드리드공항에 도착하자마자 느껴진 싸늘한 공기가 나의 온 신경을 다시 살려놓은 듯한 기분이 든다. 건축의 대가 안토니 가우디의 철학이 담긴 사그라다 파밀리아 성당, 구엘 공원, 카사 밀라 등 여행지 곳곳마다 전 세계에서 몰려든 인파로 그야말로 인산인해다.

작품마다 수많은 이야기가 숨어 있는 듯하다. 숭고함 그 자체다. 형언할 수 없는, 최고의 걸작이라는 표현이 적절한지도 모를 만큼 나는 멍하니 한참을 바라본다. 숨이 멎을 것 같다.

10년 전에도 공사 중이었고 지금도 여전히 공사 중인 명소, 1883년부터 오랜 세월 공들인 그의 인생 최고의 걸작 사그라다 파밀리아 성당. 그가 죽기 전에 설계한 도면을 바탕으로 아직도 공사하고 있다니, 와! 그냥 감탄사만 터진다. 성당 주변은 여전히 힙하다. 그냥 위대함 자체다. 아무리 스마트폰으로 셀카를 찍어대도 다 담아낼 수 없는 피사체의 압도적인 카리스마를 나는 눈과 마음에 담기로 한다.

가우디는 살아생전 단순하고 평면적인 디자인을 싫어했다고 한다. 그 엄청난 작품의 타일 하나하나가 저마다 불규칙하고 깨진 듯한 모양이지만, 내 눈에는 한없이 정교해 보인다. 일부러 깨뜨려서 얼기설기 부정형의 입체적 구조를 만들어낸 듯하다. 이 거대한 건축물은 직선이 하나도 없고 철저히 곡선만으로 설계했다. 외벽의 조각엔 예수의 탄생까지 표현했고 종교와 인종에 상관없이 그 누구라도 이 대단한 걸작 앞에서는 예수의 탄생을 축복하고 싶어질 것이다.

세상의 모든 이에게 건축으로 이렇게 위대한 스토리를 알려줄 수 있음을 여행으로 새삼 깨달으며 엄청난 선물을 받은 기분이다.

부동산 디벨로퍼라는 나의 직업 덕분에 언제든 떠날 수 있는 시간적, 경제적 자유가 있어 다시금 감사함에 눈을 지그시 감는다. 이 세상 모든 부린이를 사랑하라고 내게 말하는 것 같은 바르셀로나의 파란 하늘이 벌써 그립다.

여행은 곧 인생이다. 우리나라가 이처럼 관광에 대한 중심이 서 있다면 더 많은 해외 관광객이 대한민국 임장을 오게 될 것이다. 우리나라는 주변이 바다에 뻘이 있기 때문에 모든 생태계와 천혜의 자연을 축제장으로 관광객을 끌어모을 수 있다. 해외 관광객들도 대한민국 바다를 보며 투자를 꿈꾸지 않을까?

임장은 특별한 조건이 없다. 예컨대 유럽 하이델베르크의 폐허를 그대로 보존한 것들을 보러 가는 게 여행이고 임장이다. 수백 년, 수천 년의 시간을 지나 폐허 그 자체로 존재하는 아름다움을 느낀다. 이탈리아 폼페이의 사람들이 올리브와 포도주를 먹으며 매일 파티를 연 문화를 느껴보고자 전 세계인이 여행을 떠난다.

우리나라도 마찬가지다. 지역마다 열리는 축제가 있고, 석굴암, 팔만대장경 등의 세계적인 문화유산이 곳곳에 있고, 자연 생태계가 삼면으로 펼쳐진 바다가 있다. 이런 곳을 다니는 게 여행이고 관광이고 임장인 것이다. 우리 스스로가 우리 것에 감탄하지 않는 것이 문제다.

이탈리아 폼페이에는 아직도 빵집의 오븐과 선술집의 카운터, 와인과 수프를 준비하던 가정집의 옛 모습을 유지하고 있는 부엌이 관광상품이다. 환상적인 블타바강과 언덕 위에 체코 프라하성의 경치는 한 폭의 그림이니, 마음을 한순간에 사로잡는다.

마음을 흔드는 도시 야경, 강 주변, 바다 주변, 산 주변의 모든 부동산 가격은 어마어마할 수밖에 없다.

여행을 많이 다녀본 사람은 동선이 임장 코스다. 서울에 거주하던 이가 지방에 와서 땅을 사고 건축했다면 그는 이탈리아 부라노섬을 여행한 기분일 것이다. 세상 어느 곳이든 물이 있는 곳은 숙박시설이 있고 음식점이 즐비하다. 모든 게 비쌀뿐더러 사람들로 북적대지만, 그 자체도 여행에서 느낄 수 있는 행복감이다.

유럽의 성당이 관광상품인 것처럼 우리의 수천 년 고찰도 관광상품인 것이다. 서울의 25개 구를 서울에 산다는 이유로 다 돌아본 이가 몇 명이나 될까? 서울만 돌아다녀도 내가 뭘 투자해야 하는지 알 수 있다. 낯선 곳을 무턱대고 과감히 찾아가는 것이 진정한 여행이고 진정한 임장이다. 갖고 있는 자금이 소액일 때는 이런 용기가 절대적으로 필요하다.

나의 지인들은 나를 보며 왜 그렇게 임장에 미쳐 있냐고 묻는다. 내가 기꺼이 경비를 들여서 새로운 곳을 탐방하고 임장하는 것은 부동산 투자를 위한 꾸준한 내 삶의 일부분이기 때문이다.

임장하면서 그 동네 주민들과 꾸준히 소통할 수 있다면 그 주변의 땅값과 부동산 시세를 금세 파악할 수 있다. 임장 중에서도 특히 도보 임장은 엄청난 효과가 있다. 투자하고자 하는 곳의 구석구석 모든 건물, 도로, 입점 상가 등의 상태를 제대로 파악할 수 있기 때문이다.

세계 여행지의 현지 가이드들도 여러 곳을 다니면서 듣고 느꼈던 부동산의 정보에 대해 브리핑한다. 내가 다녀본 곳의 느낀 점만 브리핑할 수 있어도 부동산은 많이 배울 수 있다. 다니다가 멈추고 싶을 때 멈춰서 차 한잔하면서 잠시 멋진 주변의 자연소리에 귀 기울여도 되고, 가고 싶을 땐 언제든 다시 갈 수 있는 마음을 가져보자.

투자의 마음도 그렇게 키워가면 된다. 투자라고 하는 게 결코 멀고, 어렵고, 힘든 것이 아니다. 스마트폰 하나만 있으면 내가 서 있는 곳이 어디인지, 부동산 가격이 얼마인지, 공시지가를 비롯한 여러 정보를 즉시 확인할 수 있는 것이 요즘 세상이다.

우리나라의 모든 곳을 누비며 탐사하고 개발을 모색하는 까닭은, 누군가에게는 집터를 마련해주고, 누군가에게는 노년의 삶을 꿈꾸게 해주며, 또한 우리나라의 새로운 관광 명소를 만들고자 하기 때문이다. 세계의 유명하고 아름다운 도시들처럼 말이다.

임장은 투자이자 돈이고, 현실이자 여행이다.

04

복부인은 있어도 복남자는 없다

'복부인은 있어도 복남자는 없다.'

이젠 옛말이지 싶다. 요즘은 '복남자'도 많으니까 말이다. 부동산은 요람에서 무덤까지 늘 일상에서 공부하고 또 해야 하는 필수 지식이 된 지 오래다. 남성들이 부동산에 입문하는 경우, 처음부터 단기간에 정보와 지식을 많이 습득하려다 보니 금방 지칠뿐더러 혼란스러워한다.

부동산 공급 물량이나 부동산 가격, 경제 상황, 부동산정책, 개발호재, 입지, 재개발, 재건축, 학군 등 모든 걸 당번에 습득하려 하는 것은 과욕이다. 세상이 아무리 미친 듯이 돌아가도 부동산만큼은 차분히 접근해야 한다. 여성들이 조직력과 계획 수립력이 뛰어나다는 것은 통계일 뿐이다. 희한하게 여성들이 의사결정을 할 때 신중하고 감각적인 접근을 취하는 경우가 많다는 것이다.

무조건 그 지역에 아파트이든 오피스텔이든 땅이든 실전 투자를 해봐야 빠르다. 투자는 각종 변수를 신중하게 고려하고 장기적인 안목을 가지며 결정하는 게 좋다. 남성들은 금방 소득이 생기는 걸 좋아한다. 그래서 주식, 코인, 게임 등 눈으로 보이는 숫자 등에 잘 빨려 들어가는 반면 부동산은 환금성이 오래 걸린다고 판단하여 늘 머뭇거리는 경우가 많다. 답답하기 그지없다. 복남자가 되어야 한다. 나의 경험상, 남성들 중에는 단순히 부동산 물건 브리핑을 들어보거나 현장을 가볍게 둘러보려는 이가 많았다.

복부인들은 투자를 '지르려' 간다. '까짓거 한번 해보지, 뭐!' 하는 거다. 고객 중 한 젊은 여성이 찾아와, 본인의 신용이 좋지 않은데도 투자할 방법을 알려달라고 간청한 적이 있었다. 나는 우선 그녀에게 신용을 높이는 방법을 알려주었고, 얼마 뒤 그녀는 신용을 회복해 3천만 원의 계약금을 들고 다시 찾아왔다. 이렇게 빠르고 분명하게 소통하며 실행에 옮기는 모습이야말로 흔히 말하는 '복부인 마인드'를 지닌 여성들의 특징일 것이다. 여성들은 대체로 공감 능력이 뛰어나다는 점 또한 주목할 만하다.

부동산 투자는 누구나 성공할 수 있는 분야다. 개인의 노력과 역량이 그 성패를 가른다. 부동산만큼 안정적인 투자도 없다. 그러니 복남자여, 우뚝 일어서고 기꺼이 실패해보라. 실패는 결코 부끄러운 일이 아니다. 넘어져서는 다시 일어나지 못하는 것이 부끄러워할 일이다.

지금이 부동산 투자에 도전해볼 때다. 매달 현금 흐름을 창출하는 부동산 투자는 안정적이기에 마땅히 관심을 가질 만하지만, 남성들은 주식이나 코인에 비해 부동산에는 상대적으로 무관심하다. 그들은 자신이 듣고 싶고, 알고 싶어 하는 이야기만 좇는다. 경매, 단타, 임대수익 몇 퍼센트, 단기 임대 등 조금이라도 다른 방향으로 부동산 이야기를 끌고 가면, 2회차나 3회차 수업에서 환불을 요청하는 남성 고객이 적지 않다.

대체로 남성들의 부동산에 대한 관심은 일회성에 그치는 경우가 많다. 아파트 분양권은 물론, 각종 실물 부동산이나 토지에 투자하여 모듈러 주택으로 수익을 올린다면, 주식 투자가 전혀 부럽지 않을 것이다. 다만, 컨설턴트들의 과도한 광고로 인해 형성된 높은 프리미엄만 경계한다면, 어떤 부동산이든 투자의 즐거움은 충분하다. 특히 지하철이나 버스 환승역 주변의 토지 가격은 평생 연금이나 다름없다.

남성들이 이 사실을 간과하는 것이 실로 안타깝기 그지없다. 대부분의 남성은 자신이 가진 현금을 몇 년간 나누어 사용할 계획을 세우면서도, 부동산이 아닌, 가격 변동이 급격한 다른 투자 대상에 눈길을 돌리고 만다.

이러한 성향을 지닌 한 젊은 남성이 단지 내 상가를 매수하고자 나를 찾아왔다. 처음에 그는 의자 등받이에 몸을 기대고 팔짱을 낀 채 마치 '어디 한번 얘기해봐' 하는 표정으로 나를 바라보았다. 현금깨나 가지고 있는 듯했는데, 투자는 처음인 모양이었다. 부동산 컨설턴트를 대하는 그의 태도는 다소 무례하고 불손했다. 나는 단도직입적으로 말했다.

"5억짜리 단지 내 상가에 투자하려면 간이 배 밖으로 나와야 합니다. 지금은 아직 간을 꺼내놓을 시기가 아닌 것 같으니, 차만 마시고 그냥 가시죠."

그제야 그는 자세를 바로 하고, 겸연쩍은 얼굴로 잘 들어보겠다는 태도를 보였다. 나는 차분히 브리핑을 시작했다.

내가 운영하는 시행사 단지 내 상가는 임대까지 맞춰서 곧바로 수익률까지 챙길 수 있게 안정적인 투자를 원칙으로 하고 있다. 시행사가 공실로 분양해도 법적으로 문제 되지 않지만, 임대까지 다 맞춰서 등기를 해준다는 것은 엄청난 포텐셜이다. 복남자가 된다는 건 어려운 일이다. 그럼에도 다소 거만했던 그 남성은 결국 나의 고객이 되었다. 진정한 복남자가 된 거다.

모든 부동산은 시장이 과열되어도 정부가 그냥 두지 않는다. 시장이 침체했을 때는 완화정책을 발표해 경기를 활성화한다. 남성들은 부동산 이야기가 뉴스에 나올 때 아파트에만 관심과 귀를 기울인다. 모든 부동산에는 정답이 없다. 통계치로 움직이는 게 통상적이다.

2000년대 중후반에는 아파트 시장 흐름이 좋지 않았다. 어느 부동산 물건이든 다 불황기가 있고 회복기가 있고, 활황기 그리고 침체기가 있다. 남성들은 부동산 활황기에만 관심을 갖는 게 보편적이다. 그러나 복부인들은 침체기에도 부동산을 더 많이 사들인다. 남성들도 공급과잉이거나 부동산 가격이 하락할 때 또는 투자자가 감소할 때도 항상 관심을 갖고 정책을 잘 따져보면서 좋은 시그널은 찾아내야 한다.

주식이나 코인처럼 숫자가 금방 움직이지는 않지만 부동산 시장은 비슷한 흐름으로 지금까지 흘러왔다. 그러니 두려워하지 말고 언제든지 부동산에 발을 담그고 정보에 귀를 열어두길 바란다. 부동산의 복남자가 되어서 마나님의 명품백 정도는 사줘야 최고로 멋진 남자가 아닐까. 이제 한번 일어나라, 남성들이여!

지랄배기
부동산 전문가를
찾아라

많은 업종 중에 특히 부동산 분야는 다양한 물건의 형태가 있다. 땅, 아파트, 건물 등 서로 다른 물건을 취급하는 사람 중에서 전문가를 찾아야 수익을 내는 데 큰 도움이 된다.

전문가는 이것저것 물건을 여러 개 보여주지 않는다. 수많은 물건 중에 한두 개 정도 찾아놓고 협상하는 게 전문가다. 고객들에게 수십 개의 물건을 보여줘봤자 결정하는 게 더 힘들다는 것을 알고 있기 때문이다.

예산에 맞는 아파트를 살 건지 말 건지, 또 어느 지역에 살 건지, 융자는 얼마를 얻어야 하는지 모르는 상황에서, '지랄'하며 가르쳐주는 부동산업자들은 분명히 있다. 그렇게 하지 않으면 시간과 비용만 낭비하게 될 테니까. 자신의 처지에 맞지 않게 과도한 융자를 받는 것, 돈이 부족한데 과한 욕심 때문에 고이자를 부담하면서 끌고 가는 것은 미련한

짓이다.

괜히 전문가가 아니다. 우리는 전문가가 시키는 대로 해야 한다. 나는 '가진 돈이 얼마인가?'라는 질문에 솔직히 말 안 해주면 고객한테 지랄한다. 가진 자금이 얼마인지 알아야 어떤 물건을, 어떤 사이즈로 말해야 할지 결정할 수 있으니까 말이다. 그러나 거꾸로 고객들은 어떤 물건인지를 얘기를 해줘야 얼마 가졌는지를 말할 수 있다고 한다.

나하고 '밀당'을 하겠다는 건가? 투자 상담을 할 때 가진 자금을 얘기하는 건 필수다. 자금을 오픈하지 않는다는 건 그냥 알아나 보거나 정보만 들어나 보려고 하는 경우가 많아서 좋은 물건 브리핑을 제대로 해주지 않는다.

내 경우, 대출 활용은 얼마를 예상하는지? 대출은 최고 40%를 넘기면 큰일 날 수 있으니 꼭 지키라고 한다. 자기자본 10~20%를 가지고 꼭 투자에 뛰어드는 이들이 있는데, 이런 사람들은 부동산 시장이 안 좋아지면 신용불량자가 되기 쉽다. 미국의 서브프라임 모기지 사태는 서민들이 과도하게 대출을 받아 침체한 시장을 못 견디고 발생한 사태라는 걸 명심하자.

5~10% 정도는 세금 및 수수료 또는 부대비용으로 생각하고 움직여야 한다. 부동산 거래는 복잡할뿐더러 예측하기 어렵다. 좋은 조건만 있는 부동산은 위험성이 있고 사기이자 함정일 수 있다. 고객에게 안정감을 줘야 하는 건 맞지만 늘 보수적인 관점에서 말해야 한다. 뻥튀기는 말 그대로 뻥튀기일 뿐이다.

요즘은 디지털 마케팅, 온라인 플랫폼 등을 활용하여 부동산업을 하는 이가 많다. 각 전문가의 장점을 잘 파악해내는 것도 내 돈을 지키는 방법이다. 냉정한 부동산업자는 그만큼 자신감이 있다는 것이다. 진실성, 투명성, 윤리적인 행동은 신뢰를 쌓는 데 중요하므로 내가 가진 돈을 솔직히 말하고 문제를 해결하는 데 빠르게 움직여야 한다.

요즘엔 모든 부동산을 전자서명으로 대체하는 시대다. 대출도 모기지론(주택을 담보로 장기 대출을 받아 집을 산 뒤 오랜 기간 원금과 이자를 나눠 갚는 제도. 현재 주택금융공사가 판매 중인 모기지론의 경우 집값의 30%를 내고 일단 주택을 구매할 수 있다)과 역모기지론(나이가 들면 자신이 소유한 집을 담보로 금융기관으로부터 매달 일정액 또는 일시불로 돈을 빌려 쓰는 상품이다)으로 현금을 대체할 수 있다.

돈을 많이 버는 것보다 적게 잃는 게 낫다는 얘기가 있다. 적어도 실전이 많은 전문가들은 돈을 적게 잃게 한다. 투자는 항상 수익률을 먼저 보지 않고 안정적인 걸 먼저 따져야 한다고 강조한다.

투자금이 많은 사람들은 지랄배기 부동산쟁이를 좋아한다. 사기 맞을 확률을 적게 보는 듯하다. 여유자금이 없는 소액투자자들은 늘 불안해하는 마음으로 투자시장을 기웃거린다. 그들은 의심의 눈초리로 갖고 100%로 전문가와 협상한다. 요즘은 자격증만으로 부가가치를 얻을 수 없는 시대다.

그만큼 실전 경험이 중요하다. 실전 경험이 많은 사람은 부동산 이론을 알면서 협상에 임하게 되므로 "그건 아닙니다"라는 지랄배기로 변화는 것이다. 그건 자신감이다. 너무 높은 수익률로 얘기하는 착한 전문가보다는 실전 경험이 많은 지랄배기 전문가가 더 유리한 것이다. 웃기는 얘기로 '사(士)' 자 불패 중 신화를 이뤘던 의사, 변호사, 회계사들도 경영난이다. 반면, 우리 조직의 공인중개사는 늘 호황이다.

한번은 한 고객이 물었다.

"화성 땅을 보고 왔는데 계획관리지역에 350평 정도 창고 2동을 지어서 수익을 내보고 싶어요. 60평 규모로, 별도의 건물로 짓지 않고 가벽으로 분리 가능한 구조로 짓는 데 비용이 얼마나 들까요? 평지는 토목 작업이 필요 없다고, 인근 부동산에서 그냥 지목이 전인 상태에 가건물만 올리면 된다는 말을 들었어요."

그러나 공장을 지으려면 공장 용지로 전용할 때 대체 농지조성비, 전용부담금, 개발부담금 등 제반 세금 부담도 감안해야 하는 게 첫 번째다. 평지나 토목 작업이 필요 없다는 건 잘 모르고 하는 얘기다. 아니 땅이 평지라고 공장을 2동이나 그냥 지을 수 있다는 것은 말이 안 되는 거다. 그런 말을 믿는 부린이가 참 많다.

평당 200만 원을 주고 사면 1년 만에 평당 400만 원을 받을 수 있다고 하던데, 그럼 세금은 어쩔 것인가? 정말 우습고도 답답한 이야기가 많다.

결론적으로 나는? 지랄배기다.

06
부린이
투자 기준은
이렇게

 부동산을 살 때는 그 어떤 것이든 나의 의지가 중요하지만, 팔 때는 내 의지는 중요치 않다. 즉, 내 맘대로 팔리질 않는다.

 실상, 말도 안 되는 물건 매수를 터무니없이 결정하고 무리하게 투자해서 낭패 보는 사람이 정말 많다. 금리가 낮으니까 몇 채씩 다가구나 다중주택을 사면서 역전세가 터지다 보니 본의 아니게 전세사기 빌라왕이 되어 있던 것이다. 단순히 수익률만 보고 들어갔다가 닥쳐온 금융 발작에 대응할 수가 없었던 이유다.

 3층짜리 빌라나 다가구의 경우 공실의 리스크, 설비 노후화로 인한 보수비용, 각 세대의 소모품비용(도배, 장판, 기타소모품), 건물관리 용역비용, 중개거래비용(중개수수료), 건보료, 국민연금 등 각종 세금과 제반비용을 생각하면 임대료를 받아서는 큰돈이 안 된다는 걸 알게 될 것이다. 더욱이 샀던 가격에 프리미엄을 붙여서 되팔기도 어려운 게 보유 기간이 길수록 건물은 감가상각으로 오른 땅 가격으로 파는 것이지, 피를 붙여서 비싸게 거래되기란 어렵다. 그래서 부동산에 중개 물건으로 많이 나와 있는 것이 이런 빌라, 다가구, 다중주택인 것이다.

지방은 수익률이 10% 이상씩 되는데 왜 이런 물건을 팔려고 내놓았겠는가. 바로 그런 이유가 있으니, 단순하게 결정하지 말고 더 숙고해서 결정했으면 한다.

빌라, 다가구에 투자한다면 리스크를 최대한 줄일 방법을 하나씩 찾아봐야 하고, 직접 투자리스트 노트를 만들어서 적어봐야 한다. 장점과 단점은 뭔지, 현재 지출될 고정비용과 앞으로 발생될 예상 지출비용 등을 적어보면서 구체적인 비용을 뽑아봐야 한다. 그리고 임장을 몇 번씩 다녀보면서 다시 문제점을 찾고 숨은 보석의 가치를 찾듯이 계속 보다 보면 투자 결정이 좀 더 객관적이며 논리적일 수 있다.

투자는 긍정적으로 해야 하고 남들보다 다른 시각으로 접근하는 게 맞지만 무조건 공인중개사나 물건을 추천한 지인 말을 맹신하듯 믿고 투자하는 것은 곤란하다. 따라서 결론은 내 예산에 맞는 물건을 보고 투자해야 하며 대출은 감당할 수 있는 여신만큼 활용해야 한다.

다만, 무조건 갖고 있는 자금 금액에만 맞춰서 투자하는 것은 추천하지 않는다. 적당한 대출을 활용하여 비싸더라도 매도 가치가 높은 부동산 물건에는 관심을 가져야 한다. 그리고 대중적인 금액으로 투자해야만 누구나 대중적인 접근이 쉬워 팔기가 쉽다.

초보자를 위한 파이프라인의 상가투자 포인트로 임장하다 보면 상권 형성이 진행 중인 곳이 있다. 눈여겨보고 투자를 계획해보면 좋다. 상권이 완벽하게 형성되어 있는 곳보다 향후 가능성의 여지를 보고 주목해서 권리금 없이 저렴한 매매가의 상가를 매입하면 좋다. 특히 환승역 주변 지역은 유동인구의 증가로 상권이 살아날 수 있다.

핵심은 독점 업종이 보장되어야 한다. 배후 수요층이 이미 확보된 곳으로 독점상권만 잘 선택하면 적정 수익은 기대할 만하다. 큰 상가나 점포는 분할 또는 리노베이션 1년으로 가치를 높이는 방법도 있다.

예컨대 1층에 20평 정도의 공실 점포 상가라면 5평씩 임대하는 방법으로 수익률도 높일 수 있으므로 적정규모와 조건, 임대료를 잘 산정해서 가치를 높이는 건 그다지 어렵지 않다.

비수기에 상업용 부동산에는 수익 안정성에 좀 더 관심을 갖는 게 유리하다. 경기에 가장 민감히 움직이고 리스크가 크게 발생할 수 있는 게 상업용 부동산 수익률 물건이기 때문이다. 아이스크림 가게는 겨울에, 스키보드점은 여름에 알아보러 다니면 성행하는 시즌보다 좀 더 싸게 매입하게 되어 손익분기점이 높아질 수 있다.

그리고 부동산 중개업소도 ○○○ 공인중개사 사무소와 ○○○ 부동산은 자격증 유무 차이에 따라 상호를 다르게 쓰며 업무 범위도 다르다. ○○○ 부동산은 해당 지역에 속해 있는 시, 군, 구 지역에서만 부동산 중개를 할 수 있기 때문에 중개업소도 잘 선택해야 한다.

부동산 투자의 기준은 내가 스스로 만들어가야 한다. 결국 내가 뼈대를 만들어 살을 붙여야 하기에 다양한 경험이 선행되어야 한다. 이론으로만 배운 뒤에 나서는 투자는 늘 한발 늦을 수밖에 없다. 두려워하지 말고, 지금 당장 가능한 투자를 알아보고 실행해보자.

07
노동으로만 사는 건 바보다

 자본주의 사회에서 노동만으로 돈을 버는 데에는 분명한 한계가 있다. 노동시간에는 본질적으로 한계와 제약이 따르며, 일정 시간을 초과해 과도하게 일하면 삶의 질은 물론 정신적·육체적 건강에도 심각한 악영향을 끼칠 수 있기 때문이다.

 근로 현장에서 기술과 경험이 부족하다면 인건비 상승폭은 제한될 수밖에 없다. 결국 가난의 굴레에서 벗어나기란 어렵다. 자본주의 사회에서 부를 이루려면 자기자본과 타인자본(금융)을 최대한 활용해 자산을 효율적으로 증식해 나아가야 한다.

 우리나라도 이미 4차 산업혁명에 진입하였으며, 5차 산업혁명으로 나아가기 위해 빠르게 움직이고 있다. 5차 산업혁명은 우리가 소통하는 방식에서부터 주변과 상호작용하는 방식에 이르기까지, 삶의 모든 측면에 심대한 영향을 미칠 것으로 전망된다.

인공지능과 로봇공학 같은 첨단 기술의 활용은 다수의 산업 분야에서 자동화와 생산성 향상을 가져오며, 이를 통해 생산 공정의 효율을 극대화하고 비용을 절감함으로써 고품질 제품의 생산을 가능케 한다.

우리의 일상생활 속에서도 많은 변화를 목격할 수 있다. 주점과 식당에서는 로봇이 서빙을 담당하고, 치킨집에서는 닭을 튀기는 로봇팔이 등장하고 있다. 나아가 로봇팔은 제조업 현장 곳곳에서 다양한 용도로 활용되고 있다. 과거에는 기계 앞에서 사람들이 물건을 넣고 빼거나 상품을 옮기는 등 수작업에 의존했으나, 이제는 그러한 작업조차 점차 로봇으로 대체되고 있다.

이러한 변화는 매우 빠른 속도로 확산되고 있는데, 특히 배달 서비스 분야에서 두드러지게 나타나고 있다. 로봇이 음식이나 택배를 어디까지 운송할 수 있을지에 대한 실증 시험이 본격적으로 진행 중이다. 현재 강남과 판교 일부 지역에서는 카트 크기의 로봇이 실제로 물품을 배달하고 있다.

일상생활뿐 아니라 의료 기술 분야에서도 로봇은 실로 다양한 역할을 수행하고 있다. 이는 앞으로 화재 현장에서 불을 진압하고, 청소를 하며, 스포츠 경기에서는 드론 심판이 투입되고, 의사를 대신해 로봇이 수술을 집도하는 등 일자리 지형에 커다란 변화를 예고한다.

이러한 변화들로 인해 노동소득은 점차 줄어들 수밖에 없으며, 로봇과 일자리를 경쟁해야 하는 상황이 초래될 수 있다. 결국 다른 수입원을 마련하지 않으면 생계를 유지하기 어려울 것이라는 우려의 목

소리가 커지고 있다.

생명공학과 인공지능은 개인 맞춤형 의료, 질병에 대한 새로운 치료법, 향상된 진단 기술 등 의료 서비스 전반의 비약적인 발전을 이끌 것으로 예상된다. 또한 사물인터넷과 나노 기술 등이 더 효율적이고 환경친화적인 제품과 공정을 개발하는 데 활용되면서, 지속 가능한 발전에 한층 더 주안점을 두게 될 것이다.

IoT는 사람과 기계 간에 더 강력한 연결 고리를 형성하여, 교통 및 운송 분야에서 새로운 기능과 효율성을 이끌어낼 것이다. 이러한 변화는 자동화의 확대로 이어지면서 인공지능, 로봇공학, 생명공학 등 다양한 분야에서 새로운 일자리를 창출할 것으로 예상된다.

고도로 발전한 인공지능 기술은 인간의 삶 깊숙이 스며들어 획기적인 변화를 가져올 것이다. 또한 인공지능과 인간이 서로 보완적인 역할을 수행함으로써, 의사결정과 창의적 활동 전반에 걸쳐 새로운 방식을 가능하게 할 것이다.

그렇다면 5차 산업혁명을 우리는 어떻게 준비해야 하고 부동산 영역에서는 어떻게 대응해야 할까? 빠르게 발전하는 기술과 변화하는 환경에 적응하려면 유연한 사고와 태도를 유지해야 한다. 기존의 익숙한 방식과 생각에서 벗어나 변화에 적극적으로 대응하며 역량을 키워 나갈 필요가 있다.

세상이 이토록 급격히 변하고 있는데, 안타깝게도 부동산에 대한 인식만큼은 여전히 그 속도에 발맞추어 유연하고 탄력적으로 변화하지 못하고 있다. 특히 부동산 가운데서도 토지 투자에 관한 개념과 금융을 활용한 지렛대 효과인 레버리지의 적용은 아파트나 상가에 비해 인식의 폭이 좁고, 고정관념에 사로잡혀 있는 경우가 많다. 많은 이가 여전히 토지는 팔기 어렵다고 여기며, 값이 저렴하고 면적이 넓은 토지를 선호하거나 주거지와 가까운 토지만을 고집하는 경향을 보이기도 한다.

지금은 하루에도 전국을 다닐 수 있는 1일 생활권의 시대인만큼 교통망이 잘 발달되어 있다. 부동산은 실전 경험을 토대로 이론을 접목해서 배워야 구체적으로 확실한 나만의 기준을 세울 수 있다.

부동산은 금융과 정책, 정치, 미국 시장 그리고 세계 각국의 경제 상황에 이르기까지 수많은 변수의 영향을 받는다. 따라서 이러한 변화에 어떻게 대응하며 자산을 지키고, 버텨 나갈지를 끊임없이 고민하고, 구체적인 계획을 세워 실행으로 옮기는 것이 중요하다.

이론만을 수천 번 배우고 공부한다고 해서 결코 나의 자산이 되는 것은 아니다. 남의 경험을 읽는 것으로 끝내지 말고, 지금부터라도 용기를 내어 100만 원으로라도 실전 투자를 하는 데 고민해보자.

무엇보다 부동산 투자는 컨설팅, 금융, 운용 등 여러 분야에서 전문가의 도움이 필수적인 만큼 다양한 인맥을 구축해둬야 한다. 그래야만 여러 방면에서 긍정적인 기회를 얻을 수 있다.

사람이 살아가는 데 필요한 고정비용은 나이가 들수록 줄어들 것 같지만, 현실은 절대 그렇지 않다. 잠자는 동안에도 통장에서 빠져나가는 기본적인 고정비용, 즉 병원비, 공과금, 보험료, 통신비, 생활비 등은 인플레이션과 금리 상승의 영향으로 인해 갈수록 늘어날 수밖에 없다.

특히 의료비를 비롯해 각종 긴박한 상황에서 발생할 수 있는 예상치 못한 비용에 대비하기 위해서라도 부동산 투자는 필수적인 덕목이라 할 수 있다. 예기치 않은 문제로 인해 내가 일을 잠시 멈추어야 하는 상황이 오더라도 지출은 계속되게 마련이며, 돈이 돈을 벌게 하는 구조 속에서 가장 합리적인 투자 수단이 바로 부동산이기 때문이다.

부동산은 나에게 용돈을 주고, 월급을 지급해주는 가장 안정적이고 합리적인 자산 수단이다. 내가 부동산을 좋아하는 이유도 바로 여기에 있다. 부동산은 안정성과 수익성을 동시에 만족시킬 수 있는 투자처이며, 고정적이고 지속적인 수입을 기대할 수 있기 때문이다.

물론 부동산을 운영하는 데 각종 세금 부담과 환금성이 낮다는 점은 분명 단점일 수 있다. 그러나 이러한 단점들을 충분히 상쇄할 만큼 안정적인 수익과 '금융치료'를 제공하고 있다면, 부동산에 투자하는 것이 마땅하다고 생각한다.

주식이나 코인이 과연 부동산만큼 안정성을 보장할 수 있을까? 수익성은 어디까지나 안정성이 확보된 이후에 따져보아야 할 문제임에도, 대부분의 사람은 수익성에만 집착한다. 그래서 주식과 코인 투자에 몰두하는 것이 아니겠는가.

"천만 원을 투자해 일억 원을 벌 수 있다"는 달콤한 이야기 앞에서 누구나 귀가 솔깃해질 것이다. 그러나 모든 투자의 기본 원칙은 안정성이 우선적으로 확보되었는지를 점검하는 데 있다. 안정성이 결여

된 상황에서 아무리 1000%, 3000%의 수익을 내세운들 무슨 소용이 있겠는가. 잘못하면 내 소중한 원금이 허공으로 날아갈 수도 있는데 말이다.

이런 일이 있었다. 유치원 원장 여러 명이 세종시 6생활권 인근 야산에 각자 10억 원씩을 투자했다. 개발업자가 "땅이 개발되면 지금보다 가격이 10배 이상 뛸 것"이라며 서둘러 투자하라고 권유했기 때문이다. 그 말을 믿고 그들은 거액을 투자했다. 이 이야기를 들으면 '도대체 어느 어리석은 사람이 그런 말을 곧이곧대로 믿고 투자하겠는가?' 하고 의문을 가질 수도 있을 것이다.

하지만 당시 세종시는 투기 열풍으로 한창 들썩이고 있었고, 곳곳에 공사판이 펼쳐져 중장비들이 쉴 새 없이 오갔으며, 눈만 뜨면 아파트값이 치솟고 땅은 품귀 현상으로 나오자마자 팔려나가는 상황이었다. 그런 분위기 속에서는 개발업자의 말이 사기처럼 들리기보다는 오히려 그런 땅에 투자하지 않으면 바보라고 스스로 가스라이팅하고 마는 것이다.

과연 5년이 지난 지금 이 땅에 투자한 그들은 어떻게 되었을까? 잔금을 치른 후 1년이 지나도록 등기도 못 받고 있던 것을 다행히 나의 도움을 받아 등기는 냈다. 하지만 아직도 땅은 개발하지 않은 원형지 그대로 남아 있다.

디벨로퍼인 나는 그 땅이 개발될 수 없는 땅임을 알았다. 사기 전 미리 물어봤더라면 최악의 상황은 피했을 텐데 너무 안타깝다. 그 땅은 경사도가 15도가 넘고 세종시 전체가 공법적인 제한(시가지 조정구역, 토지거래허가구역, 투기지역 등)들이 많아서 인허가 내는 것이 거의 불가능에 가까웠다. 가까스로 운이 좋게 인허가를 내서 착공한다 해도 준공까지 10여 년이 소요될 것인데, 그 안에는 수많은 민원과 부도의 위험변수가 너무 많다. 이런 함정들을 모른 채 수익에 눈멀어 그런 큰돈을 투자했다니, 나에게는 허망한 사건이 아닐 수 없다.

　이처럼 수익성에만 몰입하다 보면 정작 중요한 필수 사항에 대해 체크해볼 생각도 못 한다. 안정성을 무시하고 수익성만 보고 투자했다가는 이런 참담한 결과를 피할 수 없다. 평생 묶일 수 있는 땅이라면, 10배 오른다는 수익률은 부질없다. 개발이 어려운 상황에서 멋진 조감도가 무슨 소용이며, 인허가가 불가능한 땅에서 조망이 아무리 빼어나다 한들 무슨 의미가 있겠는가. 무엇보다 중요한 것은 기본적인 안정성을 확보할 수 있느냐 하는 점이다.

　나의 노동력도 보장할 수 없는 경제구조의 변화 속에 과연 나는 무엇을 준비하고 어떤 자세로 이 변화에 임하고 있는지 신중히 고민하자. 분명한 것은, 아직도 노동으로만 살 생각이라면 지금이라도 생각을 바꿔야 한다는 사실이다.

SM STORY

생각 속에
인생은 각인된다

부자를 꿈꾸지만 부동산은 처음인 당신에게

젊은 날, 나는 몹시 가난했고 열등했다. 도움받을 곳이 없어서 너무 막막했고 그래서 한없이 초라했다. 내 아이들에게 가난을 물려주지 않겠노라 굳게 다짐했지만, 세상은 그리 호락호락하지 않았다.

내가 얼마나 부족한 사람인지, 마흔셋 때 사업에 실패하면서 뼈저리게 통감했다. 한순간에 나락으로 떨어지니, 모든 것이 다 부질없어 보였다. 허망했다! 그냥 콱 죽어서 생을 마감하고 싶다는 마음뿐이었다. 죽음의 문턱까지 갔는데, 그때 딸아이 덕분에 다시 살아야겠다는 용기와 희망을 품었다.

매일매일 죽어야지 했다. 절망 속에서 나의 눈빛은 점점 흐려졌고,

그 정신적 고통은 신체적 고통으로 번져갔다. 갑상선기능항진증으로 내 얼굴은 퉁퉁 부어 시나브로 괴물처럼 변해갔다.

지금도 그때 생각만 하면 가슴이 아프다. 죽을 결심을 한 엄마를 본능적으로 알아챈 것일까. 어느 날 딸아이가 노란색 예쁜 편지봉투를 건네주며 그 작은 몸으로 나를 꼭 안아주었다. "엄마, 나 전교 1등 하고 올게. 엄마도 힘내" 하면서. 등굣길에 나선 딸아이의 뒷모습에 나의 슬픔이 들러붙었다. 딸아이를 보내고 편지를 펼치자마자 눈물이 왈칵 터졌다. 딸아이의 편지는 삶의 각성제였다. 나의 절망은 무너졌고, 생의 희망이 다시 솟구쳤다.

'나는 아직 어리지만, 말할 수 있어. 엄마는 절대 실패하지 않을 거야. 엄마는 내 멘토이고 그 누구보다 엄마를 존경해. 엄마처럼 멋진 어른으로 클 거야.'

매일 죽으려 한 나에게 그 어떤 위로의 말도, 그 어떤 응원의 말도 와닿지 않았는데 그제야 정신이 번쩍 들었다.

'그래, 다시 살아야겠어!'

그렇게 나의 지독한 방황은 9개월 만에 끝났다. 늘 똑똑하고 야무진 어린 딸, 그 아이의 진짜 든든한 멘토가 되기로 결심하면서 나는 부활했다. 미친 듯이 일했다. 새벽녘을 가르며 부동산 광고지를 한 장이라도 더 뿌렸고, 내가 할 수 있는 한 그 어디든 영업하러 뛰어다녔다.

늦은 밤, 일과를 마친 뒤의 내 몸은 만신창이가 되어 있었다. 갑상

선기능항진증 때문에 눈은 튀어나왔고 얼굴은 나 같지 않았으니, 정말이지 몰골이 말이 아니었다. 여자로서 모든 기능이 망가졌지만, 그렇다고 또다시 주저앉고 싶진 않았다.

채권자들에게 다시 한번 기회를 달라고, 살아 있는 동안 원금만큼은 꼭 갚을 테니 만회할 시간을 달라고 나는 애원하고 또 애원했다. 나의 절규가 통했는지, 은행도 채권자들도 내가 원하는 조건을 모두 수용해주었다. 나는 개인회생도, 파산신청도 하지 않았다. 은행 빚과 사채를 어떡하든 갚기 위해 건강이 더 망가질 만큼 죽을힘을 다해 일했다. 그렇게 나는 기어코 다시 일어서 여봐란듯이 재기했다.

실패는 나를 더 성장하게 한다. 큰돈을 잃고 나서야 나의 사업 기술과 능력이 많이 부족했음을 깨달았다. 그 사실이 정말 슬펐고, 마음이 아팠다.

'불행은 사유재산이다.'

이는 어느 책에서 본 인상 깊은 글귀다. 아픔, 슬픔, 불행 등등 이런 것들은 당장은 고통스럽지만 어느 순간 나의 재산이 된다.

'나는 무슨 일이든 잘해낼 수 있다. 나는 꼭 성공할 것이다.'

나의 성공 주문이다. 뼛속 깊이 각인한 이 믿음은 나의 목표와 그 달성 의지를 흔들림 없이 견고히 하는 생의 뿌리다.

자기만의 생각과 가치관은 많은 경험과 배움, 성찰을 통해 얻은 결과다. 자신의 강점과 약점을 고려하여 성장하고 마음먹은 대로 생각이 형성되고 결과가 만들어지기 때문에 늘 긍정의 시그널을 나 자신에게 보내는 것이 중요하다. 그렇게 각인된 생각은 자신만의 사고방식과 행동에 영향을 미친다.

문제가 발생했을 때 어떤 사람은 긍정적인 해결책을 찾으며 나아가고, 어떤 사람은 부정적인 사고에 얽매인 채 뒷걸음질 친다.

'생각 속에 인생은 각인된다.'

이 말에는, 우리 인생은 자기 생각과 감정, 가치관 등으로 크게 영향을 받는다는 뜻이 담겨 있다. 지금 '나는 어떤 생각을 각인하고 사는가?' 한번 돌아보길 바란다.

모든 걸 포기하고 죽으려 했던 나는 딸아이의 편지로 희망과 용기를 얻었고, 그 순간부터 나만의 터닝 포인트를 찍었다. 딸아이의 멘토로서 동기부여와 함께 성장을 돕는 멋있는 엄마의 모습을 내 안에 수없이 각인하며, 성공한 사업가 정선미가 되리라는 확신 또한 계속 심었다. 세상에서 가장 연약할 것 같지만 가장 강한 존재가 바로 엄마다. '다시 일어선다. 해낼 수 있다. 뭐든 잘해낸다'는 나의 다짐, 목표를 향해 가슴 깊이 새긴 각인이 지금의 나를 세웠다.

각인! 살면서 내가 흐트러질 때마다 꼭 필요한 말이며 다짐이다. 인생의 바닥을 경험했으면 그다음은 튕겨 오를 수 있는 힘! 그것이 나의 열정이며 두 번째 다짐이다.

시간이 쏜살같이 흘렀고, 비로소 나는 이 세상에서 가장 행복한 사람 중 하나가 되었다. 어느새 어엿한 성인이 된 딸아이는 전공을 살려 원하던 대기업에 입사했고, 없어선 안 될 존재로 멋지게 자리 잡아 내게 큰 자부심을 안겨주고 있다. 둘째 아들은 어릴 적부터 그토록 꿈꾸던 뮤지컬 배우가 되어 사람들은 물론 나에게도 힐링과 감동을 주고 있다.

내 곁에는 이름만 대면 알 만한 현명한 사업가 친구들과 힘들 때나 좋을 때나 10년 이상 함께해온 가족 같은 직원들이 있다. 또한 고객으로 만난 이들과도 친자매, 친동생처럼 지내며 전국 곳곳에서 인연을 이어가고 있다. 세상 어디에서든, 그 누구든 함께할 수 있는 경제적 자유와 시간적 여유까지 갖춘 지금, 나는 사업적으로 안정되었고 개인적으로도 깊은 행복을 누리고 있다.

성공한 이들을 보면 나이와 상관없이 각자 분야에서 최고로 인정받고 최고의 대접을 받는다. 그들에게는 공통점이 있다. 명확한 목표와 그것을 반드시 이룰 것이라는 신념 그리고 그것을 현실화하는 실행력이 있다.

사업 부도로 밑바닥에 곤두박질친 나의 모든 과정을 지켜본 지인들은 하나같이 물었다. 어떻게 그 힘든 걸 이겨냈냐고. 나는 다시 살겠다고 결심한 순간부터 두려울 게 없었다. 목표 앞에서 자존심, 체면 따위는 중요하지 않았다. 그토록 험난했던 시간 속에서도 목표를 이루는 방법은 생각보다 힘들거나 어렵지 않았다.

꿈이 있는 사람은 많지만, 해내는 사람은 드물다. 이상은 작게, 실천은 꾸준히. 포기하지 말고 끝까지 걸어가면 그것이 곧 성취다. 목표는 바라보는 게 아니라 실현하는 것이다.

막연한 기대가 아니라, 신념으로 각인된 생각들이 나의 세포를 깨우고 에너지를 일으킨다. 매일 목표를 구체화해야 한다. 일기를 쓰고, 힘이 되는 글을 필사하며, 자신에게 스스로 긍정의 말을 건네야 한다. '말이 씨가 된다', '말하는 대로 된다'는 말을 믿고 매일 목표를 되뇌며 스스로 긍정의 기를 불어 넣을 수 있어야 한다.

긍정적인 환경이 주어져야 긍정하는 것이 아닌, 어떤 상황에서든 내가 원하는 삶을 살아야 한다. 내가 바라는 하루를 오늘 그대로 살아내는 것, 그것이 진짜 긍정이다.

'우리는 이기기 위해 태어난 것이 아니라 성장하기 위해 태어났다 (We are not here to win, we are here to grow).'

조앤 치티스터 수녀의 이 명언을 새기며 오늘도 한 걸음씩 천천히, 그러나 반드시 목표에 더 가까이 다가가길 바란다.

부자를 꿈꾸지만 부동산은 처음인 당신에게

: PART 2

부동산 투자의 정석

잘 살아서 잘사는 곳, 대장 아파트를 꿈꾸라

어떤 아파트가 대장 아파트일까? 이에 대한 절대적인 정의는 없다. 입지가 훌륭한 곳에 위치한 신축브랜드 아파트가 대장이 되기도 하고, 때로는 매머드급 대단지가 그 자리를 차지하기도 한다. 초등학교를 품고 있고 교통과 학군이 밀집되어 있으면서 각 세대 직업군이 짱짱한 곳을 대장 아파트라 칭하기도 한다. 또는 오래된 구축 아파트 중 투자 가치가 높은 재건축 단지에 대장이라는 수식어가 따라다니기도 한다.

그 지역을 대표하면서 외부 환경 변화에 큰 영향을 받지 않고 가치만으로도 가격을 끌어올리는 아파트이며 입지가 좋은 곳들 사이에서 사람들의 선호도가 높은 아파트가 대장 아파트다.

그 지역의 랜드마크 같은 상징성을 품고 있고 주위의 시세를 이끄는 역할을 하면서 실수요가 줄지 않는 특징을 갖고 있다. 세대수가 보통 1,000세대 이상의 대단지이고 아파트 시공사 브랜드가 높은 신축 아파트이며 주차 상태가 양호하고 요즘은 단지 내 커뮤니티시설이 아파트 가격의 상승 요인이 되기도 한다.

세대수가 많기 때문에 주변에 편의시설이나 상권을 만드는 요인으로 작용하고 호수나 공원을 누릴 수 있는 아파트가 일반적인 대장 아파트의 조건을 갖고 있다. 단일형 평형대보다는 소형, 중형, 대형 평형대가 같이 분포되어 있고 중·대형 평형대에 거주하는 고소득 세대가 그 단지의 가치를 끌어올리는 원동력이 되기도 한다.

이렇게 대장 아파트의 조건을 찾아내는 건 어렵지 않다. 그 지역에서 거래량이나 시세가 가장 높아서 충분히 앱이나 국토교통부 실거래가 공개시스템을 통해 확인하면 된다.

대장 아파트를 갖기 위해 20~30년씩 기다리는 이도 많다. 반포 주공 1단지와 관리처분인가를 받은 용산 한강맨션을 제외하면 모두 중장기 레이스가 필요하다. 향후 대장 아파트가 될 낡은 아파트에 전세로 오랫동안 버티면서 기다리고 있거나 많은 프리미엄을 주고 투자 가치를 부여해 사놓고 20~30년씩 기다리는 게 우리나라 대장 아파트 투자 방식이다.

투자의 관점에서 볼 때 서울의 대장 아파트만 가격이 오르는 게 아니다. 지방도 충분히 대장 아파트의 조건들을 갖추고 있다면 얼마든지 시세 차익을 노릴 수 있으니, 서울 재건축 단지에 20~30년씩 스스로 희망 고문하고 있을 것만은 아님을, 좀 더 빠른 환금 타이밍을 가지고 노려볼 만한 아파트도 많다는 사실을 염두에 두자.

각 광역시에는 100만 명이 넘는 인구가 분포하고 있으며, 학군이나 교통 인프라가 잘 갖추어진 광역시 중심권은 서울 못지않게 아파트 가격의 하방을 든든히 지탱하고 있다. 지금처럼 건강을 지켜야 하고, 몸에 좋은 음식을 귀히 여겨야 할 시기에 녹물 문제와 주차 전쟁으로 인한 스트레스 때문에 앞으로 20~30년 긴 세월 동안 검은 머리칼이 하루에도 수십 가닥씩 하얗게 세는 일이 없길 바란다.

부유층과 저소득층이 함께 늘어가는 이 세상은 결국 소비문화라는 이름 아래 그 간극을 드러낸다. 사실, 대장 아파트라는 말은 저소득층에겐 그저 아득히 먼 이야기일 뿐이다. 타워팰리스 같은 초고층 주상복합 아파트가 지속적으로 늘고 있는데, 평당 5천만 원에서 1억 원에 육박하는 대장 아파트들이 대한민국 곳곳을 뒤덮고 있다. 이런 아파트들은 커뮤니티시설, 학교, 보안·경비 시스템이 철저히 갖춰져 있다. 그야말로 부의 마천루다.

그러다 보니 '대장 아파트'라는 표현이 계층 간의 갈등을 부추기는 부정적 단어로 굳을까 봐 우려스럽기도 하다. 더없이 다분화되어 치열해지는 경쟁 사회라는 이름 아래 부의 쏠림으로 인한 빈부의 격차를 약육강식의 자본 논리로 방치해선 안 되지 싶다. 빈곤이라는 것은 그 누군가에게는 목숨마저 내놓게 만드는 지독한 재앙이니까 말이다.

여하튼 '대장 아파트'라는 표현이 프리미엄 주거지로서의 대표성은 물론, 삶에 대한 긍정적 태도를 유지하고 사회의 아픔을 함께하는 사람들이 모여 사는 그런 공간의 대명사로 인식되길 상상해본다.

경매,
돈 내고
배우지 말라

 많은 사람이 경매는 수업료를 내고 이론을 배워야 실전에서 써먹을 수 있다고 생각한다. 그래서일까? 유튜브 강의로도 부족했는지 전국을 다니면서 비싼 오프라인 강의까지 듣는다. 안타깝다.

 경매를 배우는 것 자체를 부정하는 건 아니다. 경매 공부는 혼자서도 충분히 할 수 있을뿐더러 무엇보다 이론 먼저 배우는 것보다는 경매 현장에서 실전으로 배우는 게 훨씬 효과적임을 말해주고 싶다.

 경매받고자 하는 물건을 시장 및 가격 조사를 해보고, 여러 군데 부동산을 직접 다니며 많은 정보를 수집하고, 혼자서 임장도 하고, 세입자를 만나 미리 안면도 트고, 입찰도 해보고 패찰도 해보고 여러 번 떨어져도 보고, 그렇게 해야 나만의 노하우가 생긴다.

 이렇게 감을 익히는 경험들이 쌓여 진정한 실전 경매를 터득하게 되는 것이다. 혼자 이런 다양한 경험을 해보고 비로소 낙찰에 대한 용기가 생겼을 때 수강이나 전문가의 도움을 받아야 이해가 빠르고 실전에 바로바로 적용할 수 있게 되는 것이다.

학원이나 온라인 강의에 의존하다 보면 혼자서 할 수 없고 경매 수강생 멤버들과 같이 몰려다녀야 뭔가 심리적으로 안정이 되서 잘 배우고 있다고 생각하기도 한다. 심지어 비싼 수강료를 내면 물건도 골라주고 입찰도 해주고 명도도 해준다고 생각하는 그런 이도 많다. 족집게 과외 같다나 뭐라나. 그러나 한 번의 경매를 통해 돈을 왕창 벌겠다는 생각이 아니라면, 그럴 가능성도 없겠지만, 혹여 이런 수강을 듣고자 계획했다면 마음을 바꿔야 한다. 한두 건으로 돈은 벌 수 있지만, 그것이 치명적인 함정이 될 수 있다.

수많은 경험으로 자생력을 키워 낙찰받는 것이 좋다. 많은 '경린이(경매 어린이)'가 경매라는 것을 쓸데없이 어렵게 접근하며 배운다. 아무것도 모르는 상태에서 '권리분석' 등의 익숙지 않은 용어와 단어가 난무하는 민법 이론을 법전 파듯 배운들 실전에 과연 얼마나 적용할 수 있을까? 실제로 적용되는 이론들은 비싼 수업료로 배우지 않고도 무료 강의나 인터넷으로 얼마든지 배울 수 있다.

명도나 임장은 특히 경린이들에게 두렵고 힘든 과정이다. 이론으로 먼저 접하게 되면 그 두려움이 먼저 앞서게 되어 배운 대로 되지 않을뿐더러 말과 행동이 따로따로 놀게 된다. 부동산은 어떤 분야든 순전히 이론으로만 공부하면 절대 내 것이 될 수 없다.

일반적으로 내 집을 팔 때나 다른 집을 살 때 돈 내고 배우는 사람이 있나? 내가 생각하는 경매는 일반적인 부동산 매매와 다르지 않다. 심리전에서 배짱 있게 그리고 내가 어떻게 되팔지의 계획이 가장 중요하다. 안타깝지만 이에 관한 강의를 어느 곳에서도 들어본 적이 없다. 그뿐인가. 경매를 받기까지의 과정만 있지, 경매를 받고 난 후의 처리 과정과 수익을 극대화하는 방법 그리고 엑시트에 대한 현실적 강의 또한 없는 것 같다.

권리분석은 요즘 유료로 운영하는 사이트에서는 거의 다 확인할 수 있다. 임장을 통해 확인해야 할 유치권이 있는지만 점검해도 특수 물건이 아닌 일반적 부동산 물건의 권리분석은 어렵지 않게 접근할 수 있다. 다만, 꼭 염두에 둬야 할 것은, 경매는 부동산 물건을 싸게 살 수 있는 게 장점인 반면, 팔기 어려울 수 있다는 단점도 있다는 사실이다. 사실 나는 경매가 싼 가격이라는 것에 동의하지 않는다. 급매로 나온 가격을 '밀당'해서 가격을 더 낮출 생각은 왜 못 할까?

경매로 큰돈을 벌 수 있다는 생각은 버려야 한다. 싸게 사서 가장 비싸게 팔아 큰돈을 벌고 싶은 게 인지상정이다. 하지만 그게 함정이다. 그릇된 욕심에 잘못 낙찰받거나, 매도 타이밍을 놓쳐 물리는 경우도 심심치 않게 본다. 내 주위에 경매 부자는 없는데, 큰 자산가 대부분은 정상적인 부동산 매매를 통해 자산을 증식하지, 경매 시장을 기웃거리지 않는다. 따라서 경매는 큰돈을 벌기 위한 수단으로 생각하지 말고, 부동산을 소액으로 모의 투자한다는 마음으로 접근해야 부동산 투자의 영역에서 물리지 않고 오랫동안 돈을 굴릴 수 있다.

한 고객의 실제 사례다. 분묘땅(분묘기지권을 가지고 있는 땅)을 50만 원씩 20명이 공동투자로 1천만 원 물건을 경매 낙찰을 받았다. 그리고 1년도 안 되어 다시 팔았다. 경매 강의자가 소액으로 낙찰받아 쉽게 돈을 벌 수 있다고 하니까, 말도 안 되는 분묘땅을 덜컥 낙찰까지 받은 것이다.

1년도 안 되어서 분묘땅이 어떻게 매매된 것인지 의심 가는 게 한두 가지가 아니다. 돈이 되는 부동산은 경매 물건으로 나와도 비싼 것이 통상적이다. 싸게 받는 게 좋다고 싼 물건을 경매받지는 말아야 한다. 그만큼 매매가 쉽지 않고 물리기 좋은 케이스가 될 것이기 때문이다.

다행히 그 고객은 1년도 안 되어서 매도했지만, 중과세율에 양도세금을 내고 과연 얼마나 남았을지 의문이다.

부실채권을 해소하기 위해 국가가 운영하는 경매장에 투기꾼들을 양성시키고 아무것도 모르는 경린이들이 비싼 수업료를 내고 듣게 해서 경매 시장에 내몰리게 하는 현실이 너무 안타깝다. 지금 나는 '프로 수강러'가 아닌지 자신을 되돌아보자. 비싼 수업료는 그만 내고, 자신 있게 경매 입찰금으로 실전 투자에 집중해보자. 그게 더 현실적이고 효과적인 결과를 가져온다. 머리만 공룡이 되어선 안 된다. 실전으로 부딪치면서 공룡처럼 담대히 실력이 쌓아가길 바란다. 부동산은 어차피 돈으로 배워가면서 깨달아야 진정한 내 것이 된다.

3억 2천 정도 하는 아파트를 2억에 낙찰을 받았을 시 전체를 리모델링해서 막바로 1년 안에 엑시트하게 되면 77% 양도세를 내는 게 우리나라 법이다. 경린이가 얼핏 보기에는 1억 정도 수익을 낸 것처럼 보이지만 실제 수익은 대략 2천 정도다. 세금을 내는 게 싫다면 최소 2년 이상은 전·월세를 주고 시간을 벌어야 한다.

그런데 나는 부린이나 경린이에게는 빠르게 엑시트해보고 또 새로운 경험을 해보는 게 훨씬 부동산을 많이 배울 수 있고 다양한 상품들로 접근할 수 있다고 말해준다. 2천만 원의 수익이 별거 아닌 것처럼 보일 수 있으나 10건이면 2억이다. 과감히 세금 내고 수익도 챙겨보자.

2억이 또 20억이 될 수 있는 게 부동산이다. 경매에 입찰할 때는 내가 경매받을 부동산 입찰가격(감정가)의 10%인 입찰 대금이 필요하고 낙찰이 되면 바로 은행에 대출을 알아봐서 잔금을 준비해야 한다. 그리고 다가구나 다중주택일 경우 세입자 명도비와 이사비를 챙겨줘야 하고 취등록세와 법무비용이 발생하니 대출 시 참고하여 받으면 좋다. 등기 후 인테리어 또는 설비와 누수 등 수리비, 아파트의 경우 미납된 관리비를 체크하여 추가 비용에 대한 부분도 알고 응찰하면 된다.

또 본인 소득 3,700만 원 미만인 경우 대상 농지가 농지땅(전·답·과)을 경매 물건으로 눈여겨보았다가 싸게 취득해서 만 60세가 되면 농지연금으로 월 최대 300만 원씩 전환하여 노후를 편안하게 보낼 수도 있다. 매년 농사를 짓지 않아도, 영농경력 5년만 보유하더라도 충분히 해당 조건이 가능하다. 내가 사는 주거지 기준 반경 30킬로미터가 초과해도 경매를 취득해서 농지위원회 심의를 받으면 농취증을 발급받을 수 있기 때문에 경작인으로 인정받을 수 있다. 공무원이 퇴직 시 받는 평균 연금이 250만 원 정도 되기 때문에 전국의 농지땅 경매 물건을 투자로 생각해서 중년 이후의 삶을 준비하라고 말해주고 싶다.

유치권 정리

유치권은 타인의 물건에 채권이 발행됐는데 그 채권이 변제기에 있는 경우, 채권자가 그 물건을 점유하고 있다면 채권을 변제받을 때까지 그 물건을 안도하는 것을 거절할 수 있는데 이 권리를 말한다. 즉, 채권자가 채무자로부터 채권변제를 받을 때까지 그 물건을 유치함으로써(인도 거절) 채무자의 변제를 강제하는 담보 물건을 말한다. 법적 성질이 있다면 유치권은 물권이므로 모든 사람에게 주장할 수 있다. 즉 채무자뿐만 아니라 소유자, 양수인 그리고 매수인에 대해서도 대항할 수 있다. 점유하는 것이 유치권의 성립 요소다. 점유를 상실하면 유치권은 소멸한다. 저당권은 약정 담보물권임에 반해 유치권은 법에서 정하고 있는 일정한 요건이 갖춰지면 당연히 성립하는 법정 담보물이다. 따라서 부동산에 대해 유치권이 성립해도 등기를 필요로 하지 않으며 등기할 방법도 없다(그래서 현수막이나 컨테이너를 갖다 놓고 유치권을 표시한다).

저당권자에게 인정되는 경매신청권은 우선변제를 위한 경매신청권이지만 유치권자에게 인정되는 경매신청권은 우선변제를 위한 경매가 아니라, 환가를 위한 경매에 불과하다. 즉, 유치권자가 경매를 신청하여 누군가 낙찰을 받더라도 우선 배당받을 수 있는 권리가 아니라 단지 돈으로 바꿀 수 있는 권리다. 매각대금(낙찰금액)에서 우선적으로 배당받을 권리는 없으나 낙찰자가 낙찰받은 건물을 인도받으려면 유치권자에게 유치권 금액을 모두 변제한 후에야 가능하므로 현실적으로는 우선변제를 받는 효과가 있다. 유치권에 기한 경매 시 대항력은 다음과 같다.

- 유치권 성립 ▶ 압류 ▶ 경락인/유치권자가 매수인에게 대항력 있음
- 압류 ▶ 유치권 성립 ▶ 경락인/유치권자가 매수인에게 대항력 없음
- 점유 ▶ 압류 ▶ 채권 발생(유치권 성립) ▶ 경락인 유치권자가 매수인에게 대항력 없음. 결론적으로 압류 이전에 유치권이 성립되어야 매수인에게 대항할 수 있음.

경매신청 절차

경매신청 ▶ 경매개시결정(임의 / 강제) ▶ 경매 준비절차 진행 ▶ 배당요구 종기일 지정 ▶ 배당요구 신청종기일 ▶ 매각(매각)기일 지정 공고 ▶ 입찰(매각) 실시 ▶ 낙찰(매각) 허가 결정 ▶ 낙찰(매각) 허가 확정 ▶ (낙찰)대금지급기한 결정 ▶ 대금지급(납부)기한 ▶ 배당표 작성 ▶ 매각대금의 지급, 배당 ▶ 예납금 잔액반환 ▶ 기록송부(보존계), 종료

경매 서류

① 매각물건명세서

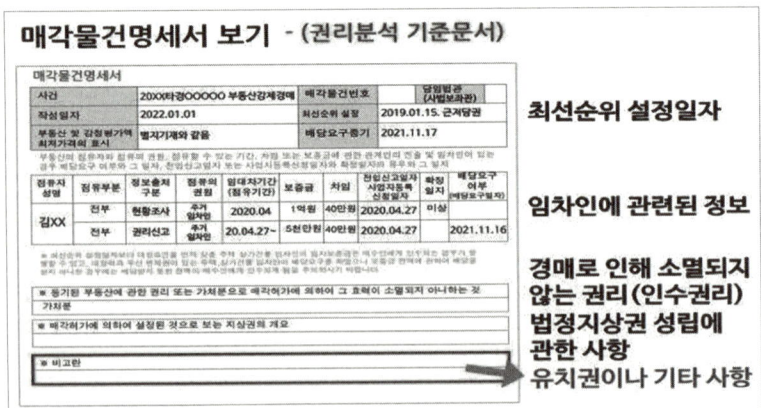

② 감정평가서

감정평가서 보기 - (경매물건의 금액가치)

① 표지 : 감정평가서의 겉표지

② ()감정표 : 감정평가표로 감정평가액과 평가내용 기재

③ ()감정평가 명세표 : 감정평가의 계산 근거등이 기재

④ 산출근거 및 그결정에 관한 의견 :
감정평가 방법 및 평가사의 의견 등이 기재

⑤ ()요항표 : 입지조건, 건물 및 토지 상황 등이 기재

⑥ 위치도 : 평가대상의 지적이 표시

⑦ 배치도 및 개황도 : 평가대상의 방향, 위치, 도면 표시

⑧ 사진용지 : 평가대상의 현장사진

③ 현황조사서

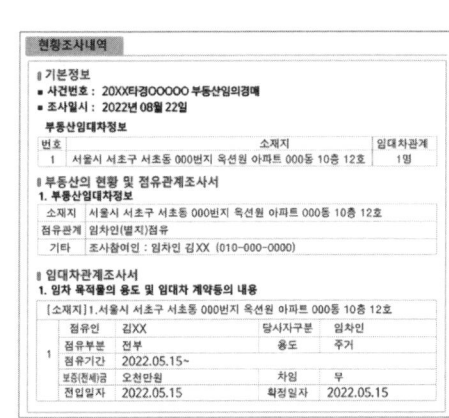

④ 사건내역서

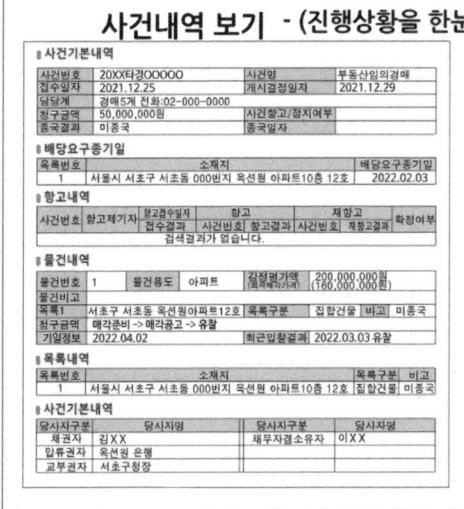

⑤ 등기부등본

등기부등본 보기 - (등본상의 권리관계 내역)

표제부(건물 또는 대지에 관한 표시)
접수 - 등기신청접수일
건물 내역 - 건물의 층수와 면적
대지권 종류 - 대지를 사용할 수 있는 권리
　　　　　　　(예: 소유권, 임차권, 지상권)
대지권 비율 - 전체면적에서 소유하고 있는 면적

갑구(소유권에 관한 사항)
등기 목적 - 권리의 종류와 그 목적
접 수 - 등기부에 권리가 접수된 날짜
등기 원인 - 등기부에 권리가 기재된 원인
　　　　　(예: 매매, 상속, 판결 등)
권리자 및 기타사항 - 등기권리자의 인적사항
　　　　　　　　　　　소유권의 변동, 가(압류),
　　　　　　　　　　　가처분, 가등기 등…

을구(소유권 이외의 권리 사항)
등기 목적, 접수, 등기 원인, 권리자 및 기타사항
저당권, 전세권 등 소유권 이외의 권리 기록

출처: 옥선원

'경매 물건은 싸다'는 수익률만 보고 섣불리 달려들어선 안 된다. 위 기본적인 절차나 서류 확인 등을 참고로 알고 있으면 어디서 튀어나올지 모르는 복병에 대비해서 안전한 투자로 접근할 수 있다.

03
감당할 수 있는 만큼만 저질러라

　부동산 투자를 계획하고 실행에 옮기기 전 재정을 파악하여 갑작스러운 금리변동과 소득감소로 인한 이자 감당이 어려운 상황에 부딪혔을 때를 대비하여 철저한 금융준비 계획을 마련해야 한다. 부동산은 주식처럼 오늘 사서 내일 팔 수 있는 게 아니므로 여러 방법을 찾아 나만의 계획을 세우고 있어야 한다.

　코로나 팬데믹 동안 역사상 가장 초저리였던 금리 시대를 마감하고 2021년 8월부터 0.5% 기준금리에서 2023년 1월에는 3.5%까지 1년 4개월 만에 역사상 가장 가파르게 금리가 상승하면서 부동산 시장에 이자 쇼크가 발생했다. 저금리로 대출이자를 감당하다가 급작스럽게 2~3배 이자가 오르고 엎친 데 덮친 격으로 인플레이션까지 발생하니 여기저기 비명이 터져 나왔다.

　그 당시 나 또한 빌딩을 160억에 갖고 오면서 국내 은행에 일부 대출을 받고, 홍콩 US달러로 2%대 고정금리로 받았던 대출금리가 거의 6%대까지 육박할 수 있는 우려에 국내 은행으로 대환을 했다. 그동안 각 금융기관 지점장님들과 관계를 돈독하게 형성해왔기에 금리 협상을 어렵지 않게 했고, 이자를 1% 넘게 깎아 현재는 4%대 이자를 감당하고 있다.

다행히 법조인들 특성화 건물로 빌딩에서 7%대 임대수익을 맞춰놓아서 공실 리스크를 최소화했고, 혹여라도 이자 감당이 어려울 것을 대비하여 일반건축물에서 집합건축물로 용도변경 계획을 실행했다. 집합건물로의 용도변경은 여러 이점이 있는데, 건물 가치평가를 높게 받을 수 있어서 대출금액 한도를 상향시킬 수 있고, 매매 시 건물을 통째로 매각하는 방법보다는 7% 임대가 확정된 각 호수 개별 분양을 해야 세금과 수익 두 가지를 한꺼번에 잡을 수 있기에 미리부터 계획하고 준비했다.

이렇게 각자가 본인 사정에 맞춰서 금융 플랜을 만들고 안되면 또 다른 방법을 찾아 갑작스럽거나 예견된 상황에도 대응할 수 있도록 전문가의 도움을 받아 플랜을 만들어놔야 한다. 현재 이자가 너무 비싸다고 판단되면 금리인하 요구권이 있으니, 대부계 직원에게 잘 협상해봐야 하고 일시적 상환유예나 상환계획 금액 변경 등 많은 협상 카드가 있으니 참고하길 바란다.

또 하나의 방법은 1억을 가지고 부동산 투자를 한다고 가정했을 때 대부분의 사람은 1억에 대출을 풀로 받아 자기자본 몇 배의 물건에 투자한다거나 아니면 1억에 맞춰 투자하거나 둘 중 하나인 경우가 많다. 그러나 내가 제시하는 플랜은 1억 중에 취·등록세 및 기타 제반 비용과 혹시 모를 이자 3~4개월 이자를 만일의 상황에 대비하여 통장에 잔고를 남겨놓고 나머지 금액으로만 투자하든지 감당할 수 있는 이자 선에서 투자하는 것이다.

그래야 한다. 꿈을 부풀리며 막연하게 계획을 세우고 무모하게 도전한 이들 대부분은 좋은 물건을 잘 선택했을지라도 십중팔구 버틸 힘이 없어서 급매로 던지고 만다. 대중매체나 유튜브 채널에서도 부동산 투자를 무모하게 부추기거나 아파트 지분투자로 수익을 내서 쉽게 팔 수 있다는 말에 현혹되어 젊은 청년을 비롯한 부린이들의 영혼이 털리는 일이 지금 이 순간에도 얼마나 많은가.

부동산 투자는 단거리가 아닌, 장거리 게임임을 명심하자. 당장 눈앞에 보이는 신기루 같은 시세 차익에 눈이 멀어 감당도 못 할 이자로 허덕거리며 투자해놓은 게 애물단지가 되어 아파트 거지, 땅거지, 건물 거지로 전락하지 않길 바란다. 현재 보유 중인 내 자산의 모든 금융과 함께 재평가를 해보고 필요하다면 전문가에게 자산 플랜을 받아서 감당하고 버틸 수준으로 만들어야 정신 건강에 좋다.

특히 소액을 가진 투자자들은 자기의 신용 점수를 유지하는 데 노력하고 적절한 대출 상환 계획과 신용점수의 관리를 통해 현재 금융 상황을 개선할 수 있도록 해야 한다. 아무리 급한 상황에 빠지더라도 사채나 제3금융권의 돈은 절대 손대선 안 된다.

부동산 투자는 이미 내가 선택한 것이므로 그 누구에게도 책임을 물을 수 없다. 부동산 전문가와 협력하여 투자전략을 재조정하고 포트폴리오를 최적화하자. 나의 현재 재정 상황, 부동산 시장의 변동성을 고려하면서 금융계 전문가와 부동산 전문가와의 인맥을 다지며 여러 정보를 듣는 일에 역점을 두자.

또한 40년 만의 괴물이라고 불리는 인플레이션에 대해서도 알아두자! 인플레이션은 화폐량이 생산량보다 상당히 빠르게 증가할 때 발생한다. 아르헨티나의 경우 1994년도 100달러에 99페소였던 화폐 가치가 2024년 85,000페소로 하락했다. 외화보유액은 국가의 힘을 나타내는데, 미국은 기축통화국 중 가장 큰 혜택을 누리고 있다. 돈을 많이 찍어내도 그다지 신뢰가 떨어지지 않는 이점이 있다. 거의 모든 나라에서 달러 보유를 하고 있으면서 무역의 결제 대금이 달러를 선호하기 때문이다. 보통 돈을 찍어내면 화폐 가치가 떨어지기 때문에 인플레이션이 발생하지만, 미국은 예외다.

현재 우리나라뿐만이 아니라 전 세계적으로 문제가 되고 있다. 양적 완화는 기준금리가 제로에 가까운 상황에서 금리를 낮추기 어려울 때 쓰는 이례적인 정책으로, 금리를 더 내릴 수 없는 상황에서 시중에 돈을 공급한다는 의미에서 양적 완화라고 한다. 세계 금융위기 이후 양적 완화를 추진했던, 당시 미 연준 의장 벤 버냉키는 "디플레이션을 막기 위해서는 헬리콥터로 돈을 뿌리는 일도 마다치 않겠다"라는 발언을 했는데, 세계 금융위기 이후 총 세 차례에 걸쳐 단행한 양적 완화로 인해 시중에 풀린 돈은 총 3조 2,000억 달러(3,300조 원)가 넘을 것으로 추정되고 있다.

양적 완화를 통해 주요 선진 7개국이 시중에 푼 돈까지 합하면 10조달러를 넘었다는 분석도 있다. 전 세계적으로 돈이 넘쳐나게 하고 그 대가로 이 인플레이션이 발생한 것은 미국의 책임이 가장 크다고 생각한다. 예를 들어 작년에 300만 원 월급을 받던 A가 올해 315만 원으로 5% 인상되었다면 월급이 올랐다고 좋아할 게 아니다. 현재 물가상승률 4%를 빼면 1%, 돈으로 환산하면 겨우 3만 원 오른 것이기 때문이다. 반대로 대출을 1억을 받았다고 가정할 때 1년 후 연간 인플레이션율 3%이면 9,700만 원이 되고 10년 후면 7,400만 원이 된다. 시간이 지날수록 인플레이션 때문에 화폐 가치가 떨어져서 그런 것이다. 인플레이션일 때는 채무자가 오히려 빚을 갚기가 쉬워진다는 얘기다.

그렇다면 누가 이 인플레이션의 주범일까? 뉴욕대학교 교수이자 2011년 노벨경제학상을 받은 토머스 사전트는 말했다.

"인플레이션이 생기면 그건 일종의 세금이다. 연간 인플레이션율이 10%라면 이 지폐의 가치는 10%로 낮아지는 것이다. 이 지폐를 가진 사람들은 모두 10% 세금을 내는 것이다. 인플레이션 자체가 세금이기 때문에 국회는 세금을 걷으려 애쓸 필요가 없다."

국가는 갖가지 세금을 국민에게 걷고 있는데, 필요한 영역과 사업을 할 때마다 더 세금을 올리기엔 부담이 되니 화폐를 찍어내는 것이다. 그럼 단기적으로는 세금을 걷을 필요가 없게 된다. 그러니 화폐 발행은 일종의 과세인 것이다. 이에 피해를 보는 사람은 실질소득이 오르지 않는 서민이다. 주된 직장의 퇴직 평균연령이 49세인데 50세를 넘기지 못하고 고정된 안정 수입이 없는 사람은 남은 30년간 80세까지 버티며 살아야 한다. 생활비와 자녀 교육비 등 책임져야 할 게 많은 한국 사회에서는 아름다운 은퇴가 될 수 없다.

상위 20%, 5분위 베이비붐 세대 직장인들의 순자산의 평균 금액이 18억 정도 된다. 이 자산의 대부분이 부동산이다. IMF, 금융위기, 코로나19 펜데믹 등 각종 악재를 버티며 살아온 그들에게는 부동산이 가장 큰 부의 증가를 가져오게 되었다. 우리나라의 1인당 실질 국민총소득은 IMF 때를 제외하면 지속적으로 상승해왔다. 그러나 전체 국민소득이 균등하게 늘어난 것은 아니다. 부익부 빈익빈의 양극화가 커졌다고 볼 수 있다. 상대적 빈곤율은 10년 이후부터 계속 제자리걸음이다. 더욱이 65세 이상 노년의 빈곤율은 더 심각한 수준이다. 그래서 대한민국이 투자에 더 미쳐 있는 건지도 모르겠다. 나이가 들수록, 퇴직 이후의 삶은 경제적으로 더 공고하고 고정적 수입이 없다 보니 중산층에서도 자연적으로 밀려날 수밖에 없다.

대한민국의 경제 규모가 커지고 대기업의 영업이익도 증가하며, 모든 지표가 성장과 발전을 가리키고 국민총소득 역시 높아졌음에도 상대적 빈곤율은 좀처럼 개선되지 않고 있다. 이는 결국 서민들의 주머니 사정이 여전히 팍팍하다는 현실을 방증하는 것이다. 가구당 월 평균 가계수지에 대한 자세한 내용은 코시스 국가통계 포털 사이트에 접속해서 확인하면 된다.(www.kosis.kr).

모두가 가난해지고 있는 이 시기에 또 한 번의 경제 위기 속에서 나는 무엇을 준비했고 앞으로 어떤 미래를 그려가고 있는가? 현재 그 미래를 위해 나는 어디쯤 가고 있는지 고민해보자. 우리에게는 아직 준비할 시간이 충분히 있다. 그러니 희망을 놓지 말자.

04

지방 시대, 조망권의 땅을 사라

조망권은 모든 부동산의 가치를 끌어올린다. 좋은 조망권은 삶의 환경을 개선하고 생활의 질을 높일 공간을 더 행복하고 즐겁게 만들 수 있다. 조망권이 좋은 땅은 부동산 가치가 상승할 가능성이 크다. 특히 관광지나 휴양지 또는 고급 주택 등에서 조망권이 좋은 땅은 부동산 시장에서 높은 가치를 지닌다. 투자 가치로도 조망권이 좋은 땅은 훨씬 유리한 측면이 있다. 환매나 수익성, 유인성 등 여러 측면에서 조망권 유무는 땅의 가치를 결정할 수밖에 없다.

주말이면 집에서 벗어나 커피 한 잔을 먹더라도 조망이 있고, 숲이 있고 물이 있는 곳에 가족, 지인들과 함께 마음을 나누고 싶어하기 때문에 큰 건물을 지어 수익을 내는 방법보다는 안정적으로 수익을 극대화할 방법으로 가는 게 좋다. 아름다운 풍경을 감상하면서 안정을 느끼고 휴식을 통해 바쁜 일상에서 잠시 멈추는 여유로움을 느끼고 싶은 사람이 많을 것이다. 고요하고 평온한 환경은 엄마 배 속에 있을 때처럼 누구나 그런 기분을 느끼고 복잡한 업무의 스트레스를 잠시 잊게 되는 나만의 힐링 타임으로 빠져들게 된다.

만약 소액의 종잣돈을 갖고 있다면, 나는 바다 조망권이 있는 곳에 땅을 사서 3~4평짜리 꼬꼬마 컨테이너를 가져다가 수익을 내는 방법을 추천한다. 왜냐? 물이 있는 곳은 돈이 있는 곳이기 때문이다. 인간은 엄마의 배 속 양수라는 물속에서 열 달을 지내다가 세상 밖으로 나오기에, 본능적으로 물을 좋아하는 속성을 갖고 있으니까.

물을 보면 스트레스가 감소되고 나도 모르게 숙연해지기도 하면서도 마음에 눌려 있던 감정들이 뻥 뚫리는 듯한 상쾌함과 봇물 터지듯 펑펑 쏟아져 나오는 눈물에 답답했던 마음이 해소되기도 한다. 내가 편안하고 좋다면 다른 사람도 그렇게 느낄 수 있을 것이다. 지방 시대일수록 조망권이 좋은 곳에 땅을 사서 엄마의 향취를 느껴보고 축 늘어진 엄마의 젖가슴에 파묻히듯 내 인생 최고의 편안함과 행복감을 맛보면서 삶의 질을 끌어올리길 바란다.

물론, 마냥 쉬운 일은 아니다. 땅은 토지 지목, 면적을 확인하는 토지 대장을 체크해야 하는데, 특히 지목, 면적, 소재지, 지번을 가장 눈여겨봐야 한다. 조망권에 홀딱 반해서 이런 것들을 체크하지 못하면 나중에 후회하는 일들이 생기곤 한다.

지번이 변경되는 때도 있다. 이럴 때는 미리 겁먹지 말고 지자체에 문의하면 된다. 그리고 개별공시지가가 높으면 금융권을 활용하는 데 도움 된다는 것도 참고하자. 혹여 300평을 산 걸로 알고 있었는데 토지 전부 증명서상 토지는 더 적게 또는 더 많게 표시되어 있을 수 있다. 적게 표시된 땅의 잔금을 지급했을 경우 손해 보는 경우도 종종 있으니 주의하길 바란다.

토지(임야) 대장은 '정부 24' 사이트(www.gov.kr)를 방문하면 발급하여 활용할 수 있다. 땅의 모양이나 경계를 확인하는 '지적도'도 확인해보고 직접 땅을 찾아서 밟아보고 사려고 하는 토지 모양과 경계 그리고 지적도상 도로가 실제 있는지 사람이 많이 밟아서 현황상 도로인지도 체크해봐야 한다. 오랜 세월이 흐르다 보니, 토지 모양과 경계가 전혀 다른 토지를 살 수도 있다. 그렇게 되면 낭패를 볼 수도 있다. 현황상 도로를 잘 체크해서 이런 일이 일어나지 않게 해야 한다.

지적도와 반드시 현황 모형이 같은지 점검하는 게 제일 중요하다. 토지의 경계나 경사가 너무 높으면 개발하기 어려우므로 15도 이상 경사도가 되는지 체크하자. 내가 원하는 목적대로 이용할 수 있는지, '토지이용계획확인원'을 잘 점검해야 한다. 집을 지을 수 있는지, 어떤 목적에 맞게 사야 땅으로 수익을 낼 수 있는지 토지이용계획 확인원 앞면, 뒷면 서류를 꼼꼼히 잘 체크해야 한다.

토지거래허가구역의 땅은 거래할 때 허가가 꼭 필요하다. 요즘은 부동산의 거품이 많고 정확한 실거래가를 불법으로 신고하는 경우는 드물지만, 예전에는 땅도 전매가 가능하던 시절이 있었다. 이런 걸 방지하기 위해 토지거래허가구역 또는 투기과열 지역이라고 칭하며 국가에서 제한의 틀을 두는 곳이 많다. 토지거래허가구역은 토지 가격이 급상승할 우려가 있는 지역을 최장 5년까지 구역으로 지정한다.

토지(임야)대장 등본 발급(열람)

서비스 개요

신청방법	인터넷, 방문, FAX, 우편, 민원우편, 모바일, 전화
신청자격	누구나 신청 가능
처리기간	즉시(근무시간 내 3시간) 처리기간 계산 방법
신청서	지적공부 열람·등본발급 신청서 (공간정보의 구축 및 관리 등에 관한 법률 시행규칙 : 별지서식 71호) 신청작성예시
구비서류	있음 (하단 참조)
수수료	1필지당 인터넷 발급 및 열람 무료, 방문발급(1필지):500원, 방문열람(1필지):300원

    맘에 드는 땅이 있다면 항상 가계약서를 먼저 작성하고 다 체크한 후에 지자체에 제출해서 토지거래에 대한 허가를 먼저 받아야 한다. 신청 후 15일 이내에 거래 결정을 알 수 있다. 허가 또는 불허가 처분 이유를 알 수도 있다. 허가 없이 거래하면 2년 이하 징역 또는 벌금이 중과되므로 법무사에게 일정 비용을 주고 맡기는 것도 경비와 시간을 절약하는 방법이다. 단, 경매로 낙찰받으면(일정 면적 이하) 허가받

지 않아도 된다. 도시계획구역 경우는 주거지역 180m²(55평), 상업지역 200m²(61평), 공업지역 660m²(200평), 녹지지역 100m²(30평), 도시구역 이외 지역은 1000m²(300평) 이하를 거래 시에는 토지거래허가를 받지 않아도 된다.

요즘은 경매가 핫하다. 그러나 땅은 더 신중하게 경매에 참여해야 한다. 특히 분묘땅 투자는 골칫덩어리가 될 가능성이 크다. 그럼에도 조망권이 너무 좋아서 토지를 사기로 했다면 잔금 치르기 전에 반드시 묘를 옮겨주는 조건인지 특약 사항에 꼼꼼히 기록해야 한다. 경매로 낙찰받았거나 정상적으로 토지거래를 했다면 묘지 대장에 그 사실이 기록되어 있으므로 해당 토지가 있는 시, 군, 구청에서 꼭 확인하길 바란다.

주인을 모르는 묘도 이장은 가능하다. 해당 토지 등의 사용에 관해 당해 분묘연고자의 권리 없음을 증명하고 서류를 첨부해서 이장신청의 허가를 득하자. 그 후 중앙일간지 포함 2개 이상의 신문에 한 달 간격으로 공고를 하고 6개월 후 이장하면 책임을 면할 수 있다.

땅 이야기는 정말 할 게 많다. 이렇게 한번 비유해볼까 한다.

'정선미에게 토지 투자란?'

사람에게 이름이 있고 직업이 있듯, 토지에는 지목이 있고 용도(쓰임)가 있다. 무슨 말이냐? 정선미(지목)라는 이름은 대한민국에 수천 명이 있는데, 디벨로퍼(용도) 정선미가 있을 것이고, 떡볶이 장사하는 정선미가 있을 것이다. 정선미의 몸값은 바로 이 직업이 결정한다. 직업이 바로 용도다.

같은 맥락으로 땅을 볼 때는 지목도 중요하지만, 그 땅의 쓰임이 무언지가 중요하다. 우리가 투자 가치로 봐야 할 땅은 비도시지역 중 개발 압력이 높거나 도시지역으로 편입될 가능성이 큰 땅에 투자해야 한다. 그러나 용도는 국가에서 이미 장기간 목표로 용도를 지정하여 그에 따른 규제와 관리를 하기에 용도가 변경될 가능성이 있는 곳은 일반인이 투자하기에는 오래 묶일 가능성이 있으므로 아주 신중해야 한다.

따라서 개발이 확정된 곳에 투자하는 것이 가장 좋다. 개발이 무산되어 묶일 염려도 없고 토지의 가장 취약한 환금성을 헷지할 수 있다는 것이 가장 큰 장점이니까. 이것이 내가 생각하는 토지 투자의 포인트다. 단, '개발 확정'에는 전제 조건이 있다. 개발의 규모(면적, 기간, 예산 등등)가 현저히 작다거나 SOC 기반 시설이 확충되지 않는다거나 인구의 밀집을 만들 수 없는 사업이거나 또는 사람의 일자리를 늘리지 못하고 기계화로 대체되는 사업들이 아니어야 한다(그밖에 여러 조건이 있다).

우리가 살고 있는 주변 신도시를 보면 신도시가 확정되어서 첫 삽을 뜨고 준공하여 사람이 입주하고 소비를 하며 상권이 형성되기까지 부동산 시장가격을 잘 파악해보면 착공하고 공사를 시작하는 그 시기가 상투가 아니라 상권이 만들어지는 기간 동안 부동산 가격이 일정하게 지속적으로 상승한다는 걸 알게 될 것이다. 부의 증식 자산 1등 공신이 땅인 이유가 바로 여기에 있다.

용도지역으로 구분한 토지의 특성을 잘 파악하여 오를 땅이 어디인지, 같은 돈이면 어느 용도에 투자해야 좋을지를 잘 선택해야 한다. 특히 서울을 비롯하여 교통망으로 지하철 주변이나 두 개 이상 교차하는 환승역은 유동인구가 늘어날 수밖에 없다. 상업지역으로 변모할 가능성이 크고 환승역 주변으로 역세권에 포함될 지역이며 현재는 변두리라 할지라도 땅을 투자해놓으면 대박이다. 도로 체증이 심각해질수록 모든 교통수단을 지하철 및 대중교통에 의존도가 커질 수밖에 없다. 지하철이나 모든 운송수단의 확대로 인해 교통망이 광역화되면 땅값은 미친 듯이 오를 수 있다.

땅값이 오르면 오히려 여러 복잡한 체증으로 집값은 떨어질 가능성이 크고, 땅값이 너무 상승하면 집값은 대지지분의 상승으로 투자자들이 한 번 짚고 가야 할 부분이다. 지금은 땅을 사놓고 가만히 세월이 지나가기만 기다리는 시대가 아니다. 시간과 노력을 들이고 마케팅 전략을 잘 짜서 수익형 부동산으로 적극 활용해야 한다.

주의할 점은 항상 대중적인 금액만 투자하는 것이다. 너무 큰돈을 들이면 빠른 환매가 어려울 수 있다. 농지나 그냥 땅보다는 비싸더라도 상업지의 땅을 사는 게 좋다. 포인트 한 가지, 서류상 맹지가 아닌지 현장에서 반드시 체크해야 한다.

요컨대 물이 보이는 곳, 조망권 좋은 지방의 땅을 공략해서 부자되길 기원한다.

색깔별
자자체 현황을
꿰뚫어라

어느 지역이든 시청 홈페이지를 뒤져보면 지자체마다 도시계획 플랜이 나와 있다. 색깔별 지자체 현황을 꿰뚫어라. 기본적인 큰 플랜과 세부적인 플랜들이 빼곡하게 나타나 있고 색깔로 표시된, 투자하고자 하는 지역의 지도를 보면서 향후 용도가 무슨 색깔로 바뀔 건지, 도로가 어떻게 확장될 건지 확인해보면 재미있는 공부가 된다.

상업지는 분홍색, 빨간색으로 표시되고, 공업지역은 보라색, 아파트나 주거지역은 노란색, 공원 등의 녹지지역은 녹색으로 표시된다. 잘 모르면 해당 지역의 도시계획과에 문의하면 앞으로 어떤 계획들이 있고 어떤 준비 단계인지도 자세히 확인할 수 있으니 참고하면 좋겠다.

상업지역이 많은 서울 종로구는 중심상업지구가 많이 분포되어 있고 지하철 1~5호선 등 여러 노선이 관통하고 있다. 그만큼 유동인구가 많다는 뜻이다. 화려한 고층 빌딩이 많은 곳에는 화이트칼라 직장인들이 넘친다. 이런 곳엔 오피스텔이나 오피스 투자를 고려해볼 만하다.

산이 많은 녹색지역의 북한산, 남산, 인왕산 등 주변은 주로 조용한 주거지가 많다. 산으로 둘러싸인 이런 곳은 도시 확장이 어렵기 때문에 주로 주거 기능으로 분포되어 있다. 특히 소득이 모든 투자에 집중될 수밖에 없으므로 소위 잘사는 동네는 주거 환경이 뛰어나고 학군이 좋은 지역이 많다. 그러다 보니 경제적으로 부유하고 풍족한 상위 직군들이 몰려 있어서 집값에 큰 영향을 받지 않는다.

지하철 2, 3, 7, 9호선 등 분당선은 강남구 쪽을 관통하는데 종로구의 노선과 비슷하다. 지금은 관광과 쇼핑을 하기 위해 모이는 집객력이 무서울 만큼 돈을 쓰고 간다. 서울시청 홈페이지를 들어가 보면 주거, 관광, 쇼핑, 업무, 교육 등이 어느 구에 제일 많이 개발계획이 있는지, 현재 공사하고 있는 곳은 어딘지 체크할 수 있다.

투자하기 전 이러한 요소들을 체크해서 강남, 강북으로 결정해보면 어떨까? 구로, 강북, 도봉, 금천 쪽이 아파트 가격이나 대지 가격이 강남보다 낮은 이유는 주변에 준공업 지역(보라색)이 많기 때문이다.

지도 보는 눈을 갖자. 전 지역을 대략적으로 파악하고 볼 줄 안다면 임장을 할 때 훨씬 알아듣기 수월할 것이다. 반드시 꼼꼼히 임장하면서 정확한 데이터를 수집하고 그 기반으로 투자를 결정하길 바란다.

06
부동산은
언제든
손절한다

투자하면서 어떻게 한 번도 손해 없이 수익만 날 수 있겠는가. 언젠가 한 번은 겪어야 할 일이라면 빨리 겪는 게 좋다. 여태껏 진짜 운이 좋아서 한 번도 마이너스 된 게 없다 하더라도 투자의 위험이나 모험으로 봤을 때 꼭 한 번의 손절 순간은 온다.

거듭되는 규제 속에서 어느 순간 아파텔, 오피스텔이 수요층의 욕구를 충족시키는 대체 상품으로 열풍이 분 것도 언론 기사를 찾아보지 않아도 내 주변 사람들의 관심도만으로 알 수 있다. 아파트에는 여러 규제가 있다 보니 투자의 흐름이 엉뚱하게 다른 쪽으로 이동을 한 것이다.

아파텔, 오피스텔 등에 투자 경험이 없는 고객이 투자 분위기에 휩싸여 덜컥 저질러놓고 걱정하는 게 너무 안타까웠던 적이 있다. 심지어 사무실인지도 모르고 분양을 받았단다. 남들과 똑같이, 아니, 좀

늦었다는 생각이 드니까 빨리 돈을 벌고 싶은 욕심에 꼼꼼하게 확인을 못 했던 것이다.

또, 아파트 갭투자가 막히게 되자 도시형 생활주택에 여러 채 사들였던 고객은 어떨까? 집에 대한 대출 규제까지 강화되니까 빌렸던 대출금을 상환하라고 은행에서 압박이 오기 시작하자 결국 '도생(도시형 생활주택)'을 팔려고 내놨지만 팔리지 않았다. 주택 수와 대출 규제로 도생을 사줄 투기수요가 없었기 때문이다. 결국, 이 고객도 눈물을 흘리며 급급매로 던지고 말았다.

지역별로 세종은 어떨까? 자고 일어나면 몇천씩 오르던 세종! 지방에서 아파트 시장을 이끌던 핫이슈 세종은 어떻게 되었을까? 규제가 있기 전에 세종 세미나에 참여했던 고객들은 관심사는 '세종의 어느 아파트가 더 오르는지', '지금 대출받아서 어느 아파트를 사야 되는지'였다.

그런 상황에서 나는 '집 더 이상 사지 마세요' 주제로 세미나를 했다. 이런 나를 두고 다들 '저 여자가 도대체 무슨 얘기를 하는 거야?' 하는 의문의 눈초리를 보냈던가.

그토록 듣고 싶은 것과 정반대의 이야기를 하니, 도중에 나가는 사람도 있었고 마지못해 시간 보내는 사람도 있었다. 어떤 이는 나의 얘기에 계속되는 반문과 부정적인 말을 던지며 세미나 분위기를 엉망으로 만들기도 했다.

세미나에 온 대부분 사람은 세종에 집을 최소 두세 채 보유 중이었는데, 수도권에 전세를 주고 세종에 여러 채의 집을 몇억씩 프리미엄을 주고 갖고 있었다. 그들은 저마다 세종 아파트가 서울의 아파트처럼 비슷하게 될 거라는 환상과 착각 속에 빠져 있었다. 그런 이들에게 나는 반문했다.

"한번 생각해보세요. 여러 채 아파트에 투기하는 것을 과연 정부에서 가만히 보고만 있을까요?"

부동산을 투자로 생각한다면 지금 당장 아파트값 올라서 계속 사들이는 것이 아니라 언젠가 묶일 가능성을 대비해서 어느 시점에 팔아야 하는지를 생각해야 한다.

"부동산 규제의 가장 효과적인 방법은 세금과 대출로 쪼는 겁니다. 이 방법은 정부의 의지로 충분히 잡을 수 있는 카드로 쓸 수 있으니, 염두에 둬야 합니다!"

광야에서 외치던 세례 요한처럼 나는 폭풍전야가 가까웠음을 떠들고 다녔다. 그럼에도 과연 그 세미나에 참석했던 사람 중에 집을 판 사람이 있었을까? 단연코 없다고 생각한다. 서울과 세종이 투기지역으로 첫 번째로 묶이기 시작하면서 지금까지 무섭게 떨어지는 세종 아파트를 지켜본 나는 또다시 그들의 표정이 떠올라서 안타깝다. 아니나 다를까? 뒤늦게 종부세 폭탄에, 대출이자에 더 이상 버티기 어려워 눈물을 머금고 아쉽게 갖고 있던 아파트를 전부 처분했다더라.

분명하게 강조한다. 부동산을 손절매한 것이 실패라고 생각하지 마라. 이 또한 이론으로 배울 수 없는, 값비싼 수험료를 내고 배운 나의 자산이다. 부동산도 하락에 대한 아픔이 크지만, 어느 순간 그 모든 것이 나의 자산이 된다. 그 경험은 사람들을 한층 성장하게 만들었고, 천정부지로 치솟던 아파트값이 무섭게 하락하며, 한순간에 올랐던 가격이 제자리를 되찾는 데 불과 5년밖에 걸리지 않았음을 일깨웠다. 그 사건을 직접 겪은 이들은 뼈아픈 기억으로 남아 절대 잊히지 않을 것이다.

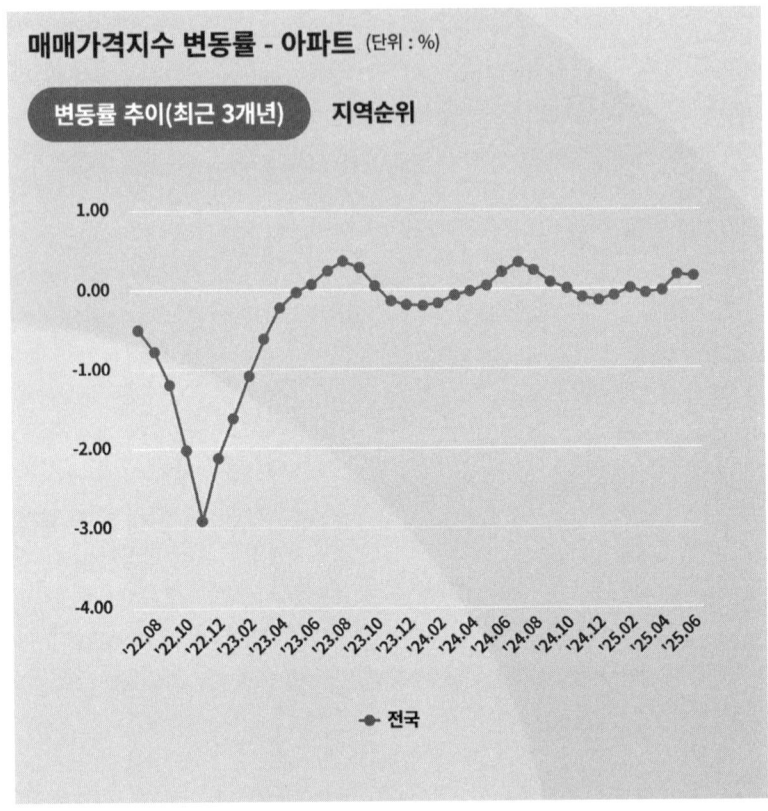

출처: 한국부동산원

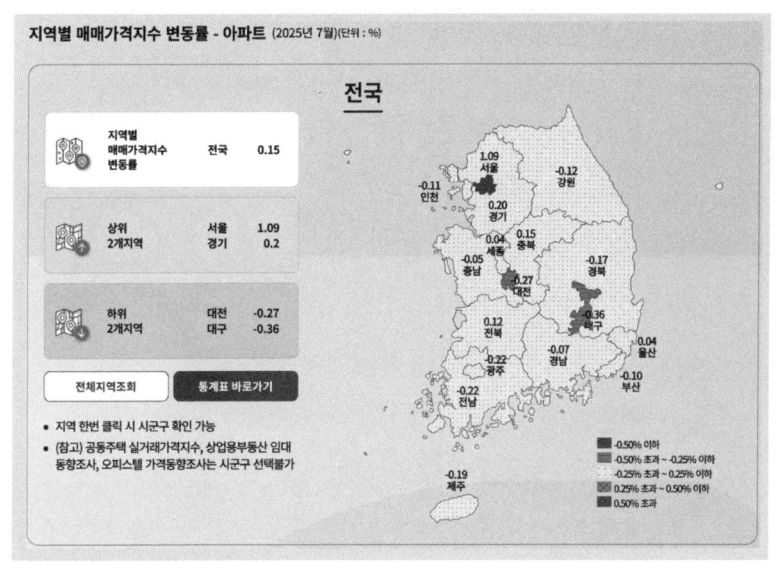

출처: 한국부동산원

    투자의 성지에서 관심 밖의 대상이 된 세종시에 대해 조금 더 이야기해보자. 한때 세종시는 외지인들의 투자 성지(?)였다. 시세 차익을 노리고 외지인들이 세종시 아파트 매집에 나선 것이다. 하지만 지금은 상황이 달라졌다. 항상 인구의 유입을 잘 따져보고 국가가 움직일 때는 기업도 같이 움직여줘야 일자리도 만들어지고 부동산 가격도 상승하는 것이다. 세종은 기업 유치는 어렵다고 본다. 그냥 거주하는 집인 것이지, 그 이상 이하로 보지는 마라. 한국부동산원 통계에 따르면 2024년 2월 세종 아파트 매매계약 319건 가운데 외지인의 매수는 119건(37%)을 차지했다. 2023년 2월 세종 아파트의 외지인 거래는

692건 가운데 208건(30%)이었는데, 1년 만에 외지인 매수 비중이 7% 늘었다. 세종의 외지인 매수 비율은 한국은행 기준금리가 인상되기 전인 2021년 1월 무려 51%에 달했다. 아파트 거래 2건 중 1건을 외지인이 사들인 셈이다. 한때 세종 내 갭투자(매매가와 전세가 차액을 내고 세입자가 거주하는 집을 매수)는 6건(신고일 기준)으로 집계돼 전체 매수 거래 318건 가운데 불과 2%에 그쳤다. 세종시가 외지인들의 투자 성지에서 미운 오리 새끼 신세로 전락한 것이다.

부동산 시장 전망이 궁금하면 세종시를 보라. 지난날 총선 과정에서 국회 세종 이전 이슈 등이 불거지기도 했지만, 세종시 아파트 가격은 미동도 하지 않았다. 게다가 세종시에는 대규모 공급물량이 줄줄이 쏟아질 예정이다. 우리가 세종시에 주목해야 하는 이유는 세종시가 대한민국 부동산 시장의 풍향계 역할을 하기 때문이다. 세종시는 대세 상승기 때 다른 지역보다 먼저 상승하고 많이 오른다. 대세 하락이 시작될 때는 다른 지역보다 앞서 떨어진다. 고점 대비 반토막 아파트가 속출 중인 세종시 아파트 시장은 서울을 비롯한 대한민국 부동산 시장이 조만간 맞닥뜨릴 미래인지 모른다.

단지 내가 아쉬운 것은 부동산 투자도 자기만의 신념과 기준이 있어야 하는데, 대중심리에 휩쓸려 매도 타이밍도 모른 채 덜컥 투자했다가 팔지도 못하는 신세가 되어 감당이 안 되는 이자만 계속 내는 게 속상하다. 부동산은 언제나 수익률만 있는 것은 아니므로 장기적인 안목으로 볼 때 버틸 수 있는 자금 여력이 없다면 끌어안고 가지 말고 마이너스라도 과감히 던질 땐 미련 없이 던져라. 자본주의 세상에서 리스크 없이 순자산을 만든다는 건 있을 수 없는 일이다.

부동산은 정부의 정책, 우리나라 경제 성장과 그것에 영향을 끼치는 수출시장과 무역수지, 경상수지 및 미국경기, 금리, 원유, 원자재, 채권 시장 등등 철저히 정보를 통해 다루어야 한다.

옛말에 놀더라도 부동산에서 놀라는 말이 있다. 부동산 시장 안에서 짜장면을 시켜 먹으면서 놀아라. 그러다 보면 많은 정보를 듣고 내가 손절매해야 할 타이밍도 포착할 수 있을 것이다. 제일 중요한 교통여건인 지하철도 없는 공무원 도시 세종시에 몰빵한 이들이여, 앞으로도 유동인구가 많아질 가능성은 희박하다고 본다. 교통의 입지가 갈수록 중요해지기에 교통의 편리성, 환금성, 수익성(투자가치) 등 이 3박자만 잘 따져봐도 손절할 이유를 알게 될 것이다.

부자를 꿈꾸지만 부동산은 처음인 당신에게

 부의 축적은 노력과 통찰, 긍정의 마인드로 밀어붙이는 실행력 그리고 운이 더해진 결과다. 이를 현실화한 부자들은 경제적 자유를 토대로 자기만의 라이프 스타일을 누린다. 운동, 레저 등 여가 활동에 시간과 자원을 투자하며 다양한 경험을 쌓는다. 그러면서 면밀한 경제 활동으로 적소에 투자하며 자산 증식을 꾀한다. 그 과정에서 신사업과 창업, 일자리를 창출하며 사회적 기여에도 한몫한다. 그러니 그들의 삶의 만족도와 자긍심은 남다르다.
 부자들은 끊임없이 도전하고 실행하는데, 그에 따른 책임을 본능적으로 알고 있다. 그들은 긍정의 마인드 세트로 역경과 실패에 주저

앉지 않는다. 오히려 그것을 또 다른 기회로 삼는다. 끊임없이 문제를 해결하며 나아가고자 하는 방향으로 집요하게 길을 낸다. 새로운 기술과 지식을 터득하는 데 게을리하지 않음은 물론이다. 명확한 비전과 목표를 세우고 철저히 실행하는 습관이 있어서 대부분 새벽 5시쯤 일과를 시작한다. 그들은 다양한 분야의 전문가들과 교류하고 소통하며 상호 협력을 꾀한다. 폭넓은 관심사를 지니되, 그중에서도 우선순위를 분별하여 중점적인 사안부터 결정하는 데 집중한다.

이처럼 부자들의 사고와 행동에는 부를 축적하는 여러 요인이 유기적으로 얽혀 있다. 그러나 겉모습만을 보는 이들에게는, 그들이 마치 남들보다 손쉽게 돈 버는 듯 비칠 수 있다. 그러나 절대 그렇지 않다. 그들은 긍정의 눈으로 세상을 바라보고, 애초에 '안될 것'을 먼저 떠올리기보다는 '될 것'에 무게를 싣는다. 도전하는 데 주저하지 않으며, 부정적 생각에 머물지 않고, 냉철함과 예리한 판단력으로 난관을 돌파한다. 이 모든 행위의 바탕에는 긍정이 자리한다.

확실히 부자들은 긍정적인 인생관을 가지고 있다. 그들의 말과 행동에는 여유와 배려가 배어 있다. 그러니 사람이 모이고, 부가 붙고, 성공이 따를 수밖에.

부자의 기준은 저마다 다르겠으나, 대체로 자기가 원하는 것을 현금으로 거리낌 없이 살 수 있다면 부자라 할 만하다. 이러한 통상적 이미지 때문인지, 부자에 대한 부정적 시각도 만연해 있는 게 사실이다. 명품관에서 10년 일한 혹자는, 진짜 부자들은 인상이 날카롭다고, 선한 인상이 아니라고 말한다.

　그런 이가 없지는 않겠지만, 일반화하기엔 억지지 싶다. 내가 아는 부자들은 말 몇 마디만으로도 단아함과 품위를 드러낸다. 그들의 눈빛과 목소리에는 인격의 깊이가 서려 있고, 움직임에는 고요한 여유가 배어 있다. 명품을 걸쳤을지언정 그것은 과시의 껍질이 아니라 자연스러운 실용에 불과하다. 그들은 화려함보다는 편안함과 풍격을 우선시한다. 진짜 부자는 명품에 기대어 자신을 과시하지 않는다. 그들은 이미 스스로가 가장 값진 명품이기 때문이다. 그들에게는 모든 책임을 스스로 감당하겠다는 단단한 소신이 있다.

　그들은 여행을 사랑한다. 여행은 그들의 시야를 넓히고, 내면을 한층 성숙하게 다듬는다. 그들은 결코 군림하려 하지 않는다. 사람들을 격식 없이 대하며, 몸가짐에는 진정한 여유가 배어 있다. 값이 비싸더라도 기꺼이 낭만과 멋을 좇고, 함께 있노라면 그들의 신비로움과 매력에 매혹되고 만다. 타인과 스스럼없이 어울릴 준비가 늘 되어 있는 그들은 사람들의 축제 속에 스며들어 하나가 된다.

　진정한 부자들은 정원을 가꾼다. 이는 삶을 가꾸는 일이다. 아름다움을 마주하며 자신의 영혼을 돌볼 마음의 공간을 남겨두는 것이다. 그들은 자신의 공간과 타인의 공간 사이에 쌓인 경계를 허물고, 신뢰하는 사람들과 자신이 빚어낸 풍경과 시간을 기꺼이 나눈다.

부자들 중 '나는 부자'를 드러내고 다니는 이는 거의 없다. 진정한 부자들은 결코 '부티'를 내지 않는다. 그들에게는 여유 속에서 우러나는 자기만의 고요한 행복이 있으며, 타인의 시선에 크게 신경 쓰지 않는다.

한편, 부자들은 아낌없이 베푼다. 나누지 않는 재산은 물질이든 무형의 그 무엇이든 병든 가지처럼 생명력을 잃는다. 인생의 진정한 부는 결국 공유하는 데 있다.

태어날 때부터 금수저인 이들도 있으나 상당수가 사업이든 부동산이든, 결국 투자를 통해 자수성가했다. 그들은 정확히 투자하는 법을 안다. 정확히 실행한다. 정확히 현실의 한복판을 선점한다.

이제 당신도 그들처럼 한번 해야 한다. 한 번 사는 인생, 시간은 마냥 기다려주지 않는다. 긍정으로 무장하고 목표를 향해 나아가야 한다. 누구와 함께하든, 홀로 하든 달려보아야 한다.

부자들은 간절한 성공 의지와 상상 이상의 시간과 남모를 노력을 갈아 넣어 부를 이루었다. 뿌린 대로 거둔 이 사실을 간과해선 안 된다. 인생에 한 방이란 없다. 단숨에 부자가 될 수는 없다. 부자가 되는 데 가장 큰 적은 결국 자기 자신이다.

'인생 한 방'은 꿈도 꾸지 말고, 긍정의 마인드로 인내하며, 성실하게 고군분투하자. 신은 모든 것을 한 번에 내어주지 않는다. 최선을 다하며 살아갈 때, 서서히 하나씩 허락한다.

부자를 꿈꾸지만 부동산은 처음인 당신에게

PART 3

부동산 투자 실전 사례

01
3천으로
투자하기

    3천만 원이면 부동산 투자금으로는 진짜 소액이다. 그럼에도 3천만 원으로 부동산 투자를 해봐야겠다고 결정했다면 일단 몇 가지 주의할 점을 유념하며 전략을 잘 짜서 해야 한다. 장기 투자로 갈 건지, 단기 투자로 갈 건지 그리고 임대수익을 얻을 건지, 시세 차익을 볼 건지 또 공동투자를 할 건지, 단독으로 할 건지 등 여러 상황과 여건을 따져보고 부동산 물건을 선택해야 한다. 추가 자금 확보는 금융권을 이용하여 대출 가능 여부를 고려해서 금융 계획을 세워야 한다. 주거래은행에 문의하고 '마통(마이너스 통장)'에서는 얼마 정도의 대출이 가능하며 담보에서는 얼마 정도의 자금 대출이 가능한지 최대 가능 금액도 파악해야 한다.

    담보대출뿐만 아니라 시설자금, 법인대출자금, 정책자금, 소상공인 대출, 청년창업대출 등 국가 및 각 지자체(시, 군, 구)의 목적 자금을 활용할 방법도 생각해볼 수 있다.

한 고객의 경우, 시에서 지원해주는 ESG 자금(탄소 중립 기업) 성격으로 헌혈증이나 봉사 기부활동으로도 3천만 원, 3%대 대출을 알선해준 적이 있다. 또한 붕어빵으로 본인 상가에서 자영업을 하는 한 고객의 경우, 자금이 필요했는데 상가에서는 이미 담보가 풀로 차 있어서 추가 대출은 어려운 상황이었다. 그런데도 나는 방법을 찾아 커피 머신, 붕어빵 기계, 냉장고, 에어컨 등 각종 시설자금 명목으로 6천만 원 대출을 받을 수 있도록 도와주었다.

이렇듯 일반인들은 단순히 담보나 신용만 대출 수단으로 한정적인 생각을 갖고 있지만, 나는 고객의 직업, 나이, 학력, 경력을 보고 대출받을 수 있는 모든 방법을 컨설팅한다.

가능한 자금을 모아 대략 투자금을 확보했다면 제일 쉬운 아파트에 투자할 것인지, 다가구주택을 통해 임대수익 목적으로 투자할 건지, 목 좋은 상가에 안정적으로 임대수익을 보고 투자할 건지, 개발 이슈가 있고 조망권이 있는 땅에 안정적 수익과 시세 차익을 목적으로 투자할 건지, 장기 투자의 목적으로 재개발 재건축에 투자할 건지 등 투자하고자 하는 부동산 물건을 정해야 한다.

그 결정을 했다면 그다음은 지역의 부동산 시장을 조사하고 시장 트렌드, 개발계획, 교통 인프라, 인구 유입 및 감소 변화 등을 파악하여 선택해야 한다. 만일 내가 가진 자금이 소액인데 아파트에 투자하고 싶다면 대장 아파트를 무리하게 대출받아 사지 말고 나 홀로 아파트를 전세 끼고 투자하는 것이 안정적이다. 단 교통, 인프라는 꼭 따져봐야 나중에 시세 차익을 볼 수 있으니, 그 정도는 꼼꼼히 체크하자.

땅도 도로가 물려 있으면서 조망권을 보고 투자하는 방법이 있다. 대체로 이런 땅을 찾기도 쉽지 않지만, 맘에 드는 땅을 찾아도 대다수가 비싸고 큰돈이 필요할 거라는 것을 알기에 가격을 알아보는 것조차 쉽사리 포기해버리는 경우가 많다. 그러나 욕심을 버리면 투자 방법이 보인다.

소액을 갖고 있으면서 그 많은 땅을 혼자 다 가져야겠다는 욕심을 버려라. 도로와 조망과 건축이 가능한 이 세 가지 조건을 모두 갖췄다면 공투로 투자해봐도 좋다. "그럼 나중에 어떻게 팔아요? 문제가 생기면 어떡해요?" 하며 걱정을 많이 하는데 전혀 걱정할 필요가 없다. 도로가 있다면 지자체의 조례에 따라 계획관리 기준 최소 20평까지 분할이 가능하다(지자체에 따라 분할 조건이 다르니 필히 확인해야 한다). 그것도 불안하다면 계약할 때 임의의 선(구적도)을 그어 나의 땅 위치를 특정하여 서로 도장을 찍자. 이는 공유물 분할청구에 대한 골치 아픈 문제를 미연에 방지할 안전장치를 만드는 것과 같다. 그리고 땅은 다른 사람의 동의가 필요 없고 과세표준 금액과 시세에 맞춰서 내가 내 맘대로 팔고 싶은 금액으로 팔면 된다.

참 쉽다. 그렇지 않은가? 투자는 어렵고 복잡한 것이 아니라 단순하고 명료하게 하는 거다. 부동산은 안전 자산 중 1순위이기 때문에 주식처럼 불안정한 리스크가 있는 것은 아니다. 그럼에도 시장 변동성이나 여러 지표를 인지하고 예측할 수 있어야 한다. 그래야 갑작스러운 이자 상승기와 대출 제한에 따른 자금 융통 문제, 부동산 규제로 인한 세금에 어느 정도는 감당해가면서 대응할 수 있다.

　소액 투자자일수록 경험이 부족하므로 투자 전문가나 부동산 중개인과 충분히 상담하여 서로 신뢰를 바탕으로 믿음이 생겼을 때 조언을 듣고 실행에 옮기면 좋다. 높은 장벽을 생각해서라도 소액 공동투자자 모임도 참석해보고 투자 참여 기회를 찾는 것도 중요하다.

　또한 내실 있는 시행사를 찾아가 직접 그 물건에 투자해보는 것도 좋다. 요즘처럼 자금 융통과 고이자에 넘어지는 시공사, 시행사와는 달리 안정적인 시행사는 어려운 경기에도 최적의 입지에 있는 분양 물건을 가지고 있기 때문에 고객을 유혹할 만한 좋은 조건의 분양이라든지 가격을 깎아서 할인 분양을 절대 하지 않는다. 그만큼 좋은 위치를 선점하고 있고 충분한 수익률을 만들어 시장에 내놓는 경우가 많기 때문이다.

　참고할 것은 소액 공동투자에서 임대수익과 시세 차익 등 투자자들은 투자한 금액만큼 세금을 제외한 나머지 수익을 공동으로 나누면 된다. 또한 리스크에 대한 문제(이자, 공실, 세금 등)가 생겼을 때는 공동으로 그 리스크를 감당해야 하기에 소액 투자자에게는 리스크를 헷지할 수 있어서 수익과 안정성 두 가지를 다 잡을 수 있다.

　'NO PAIN, NO GAIN'이라는 말이 있듯, 부동산에도 갑작스러운 위험이 존재하고 고통이 있을 순 있지만, 감당할 수 없을 만큼의 투자 방법은 아니라고 생각한다. 부동산의 높은 시장에 진입할 가장 현실적이고 혁신적인 방법이다. 또한 소액 투자는 투자 경험이 부족한 개인들에게 금융투자 교육의 목적으로 좋은 기회일 수 있다. 소액 투자

플랫폼이나 앱을 통해 자동으로 투자해볼 수 있고 크라우드펀딩 및 조각투자, 부동산 리츠 또는 부동산 펀드의 다양한 경험들의 수익과 안정성을 통해 부동산을 내 이름으로 소유할 기회를 얻기도 한다.

부동산은 늘 당신의 결정을 기다린다. 지금은 갈수록 1가구 2주택으로 인한 세금 부담과 전세 사기로 인해 집 투자에 대한 엄청난 부담이 생기는 시대다. 10년, 20년 걸쳐서 겨우 내 집 마련을 하는 우울한 세상이다. 그에 비해 땅값은 다양하다. 지방에는 단돈 10만 원짜리 땅도 있고, 서울 명동에는 수억짜리 땅도 있다. 유동자본과 자산 증식에 힘쓰고 집중하던 시대와 달리 고정자산과 자본에 관심을 두는 이가 많이 생겼다. 그 사이에 땅을 사서 내가 건축도 해보고 희망을 품어보자.

100세 시대에서 가장 중요한 것은 건강이다. 고층의 아파트에서 건강하지 못한 숨 막히는 생활이 아닌, 땅하고 친화력을 갖는 건강한 삶이 유지되기 위해서는 땅을 보는 눈과 투자하는 안목이 절실히 필요한 시대다. 3천으로 땅을 사서 내 집을 지어보자. 콧구멍이 벌렁거리고 남들이 자꾸 쳐다보는 맛을 느껴보길 바란다.

국립공원을 끼고 있고 바다를 바라보는 조망권은 그야말로 화려하다. 겉이 화려한 땅은 개인적인 재산권 확보가 안 되는 땅이 많다. 아름다운 풍치에 매료되어 매입해놓고 차후 뭔가 행위를 해보려고 할 때 공법의 사각에 놓여 있어 도저히 손을 댈 수가 없는 경우도 허다하다. 마치 온몸에 암이 다 퍼져 도저히 의사가 손댈 수 없는 심각한 상태라고 표현할 수 있다.

특히 기획부동산 물건을 주의하라. 수십 명이 전화로 파는 땅은 투자자가 개발이라는 거창한 타이틀에 빠지기 십상이며 맹지 상태에서 개발계획이 너무 사치스럽고 화려한 건 위험한 땅일 수 있다. 개발 예정인데 모든 것이 너무 화려한 것은 수십 번 짚어보고 결정해야 한다.

결론은 내 집 마련보다 내 땅 마련이 훨씬 더 쉽다. 지금은 고가 아파트 애물단지로(건축비 상승 여전) 내 집 마련보다 내 땅 마련이 훨씬 쉽다는 것이다. 젊은이 등 부린이들의 의식은 단순하다. 3천만 원 소액 투자처를 먼저 찾아보겠다는 생각을 하자!

실물경기가 살아나면서 공장용지 수요가 다시 급증하기도 한다. 공장 설립 허가가 수월해진 이후 김포, 파주, 경기도 광주, 용인 등에는 경매 물건도 많다. 고객 중 파주 쪽 공장에서 자동차 부품 사업을 하는 사람이 있었는데, 공장이 깔린 땅은 이유 불문하고 무조건 사라고 했다. 임대료 주는 비용으로 이자를 감당하고 사업으로 버는 돈도 좋기는 하지만 깔고 앉아 있는 공장부지가 차후 훨씬 큰돈이 된다고 가르쳤다.

하고 있는 사업이 잘된다고 또 하나를 더 개업한다? 절대 그렇게 하지 말아야 한다. 정말 바보짓이다. 차라리 그 땅을 사는 게 낫다. 공장용지는 고속도로나 국도에서 진입이 수월하고 3~4미터 진입로만 확보되면 무엇이든 할 수 있다. 땅값 상승이 예상되는 지역에 주로 작은 중소기업들이 물류창고나 투자 가치 확보 차원에서 사놓기도 한다.

3천만 원이면 억짜리 땅을 살 수 있는 계약금이다. 금융과 활용도 수월해졌으니 자산 가치는 떨어질 위험이 없다. 토지 이용 효율성이 떨어지는 IC에서 너무 먼 곳의 토지 투자는 고려해봐야 한다. 내 땅을 밟고 가야 하는 땅이 있으면 무조건 사야 한다. 투자금이 적을 때는 공동투자도 고려해보자.

여러 계획을 통해 지자체에 청구 가능한 여건들이 생길 수 있다. 여하튼 3천만 원을 주식에 몽땅 털어 넣지 말고 좋은 정보를 잘 찾아서 유리한 투자처를 물색해보자. '영끌'해서 감당 못 하는 투자를 하며 폭망하는 지름길로 가지 않길 바란다.

시세 차익 말고
수익형으로
돈 벌기

　수익형 부동산의 종류는 다양하다. 단지 내 상가, 근린상가, 테마상가, 지식산업센터, 상업용 오피스텔 등 각각의 장단점이 있으므로 자신의 자금 상황을 정확히 파악하고 신중한 전략으로 접근해야 한다.

　주거용 부동산은 전세가 가능해서 투자금이 적어도 투자가 가능하지만, 수익형 부동산은 전세가 거의 없고 월세이기 때문에 보통 목돈의 투자금이 필요하다. 이유는 대출이든 자기자본이든 전세를 활용한 갭이 없기 때문이다.

　주거용 부동산과는 다르게 수익형 부동산의 가장 큰 차이는 수요다. 주택은 필수재(인간이 살아가면서 꼭 필요한 것들)이기 때문에 실수요가 부동산 시장에 끊임없이 존재한다. 그래서 공실에 대한 리스크가 상대적으로 낮다. 반면, 상가나 사무실과 같은 수익형 부동산은 필수재가 아닌 선택의 영역인 사치재다(살면서 꼭 필요하지 않지만, 니즈에 따라 기꺼이 큰돈을 지불할 수 있는 것들). 따라서 좋은 물건일수록 시장에서 높은 프리미엄으로 거래되거나 높은 임대료와 공실 리스크가 작아 지속적인 임대수익을 기대할 수 있다.

수익형 부동산은 대체로 상권과 유동인구(입지)가 좋은 곳에 수요가 몰리고 입지 선정을 주거용보다 특히 더 신경을 써야 해서 부동산에 막 입문한 초보자들은 주거용을 많이 선호하고 중수 이상부터는 상업용 수익형 부동산에 투자하는 게 보통이다.

몇 년 전, 신도시 1,700세대 우미린이 시공한 아파트 단지 내 상가를 수의 계약하여 분양, 임대를 시행했다. 그중 한 호수인 코너 각지 12평짜리 상가를 가족에게 투자해보라고 권유했다. 남편이 공무원인 시누이는 그동안 남편 월급만을 의지하며 자식을 키우고 늘 월급을 쪼개며, 허리띠를 졸라매고 소심한 대한민국 알뜰 주부로 살아왔다. 시누이한테 부동산 투자는 다른 세상 얘기였고, 더욱이 집 대출을 받아서 부동산 투자를 한다는 것은 말도 안 되는 미친 짓으로 여기던 사람이었다.

그랬던 사람이 32평형대 아파트에서 1억 5천 대출을 받아 중도금을 치르고 상가에서 2억 대출을 받아 잔금을 치렀다. 그렇게 단지 내 상가 1층 코너 자리를 4억 2천에 분양을 받아서 보증금 5천만 원에 300만 원씩(부가세 별도) 대출금(그 당시 이율 3%대) 90만 원을 제하고도 매월 200만 원씩 고정적으로 제2의 월급을 받고 있다.

부동산 투자를 처음 해본 시누이는 처음에는 대출이자를 빼고 남은 수익금의 부가가치를 보는 게 아니라 대출금을 언제, 어떻게 갚아야 할지 그 걱정만 했다. 그러나 아직도 공실 없이 월세를 잘 받고 있고 종잣돈을 활용하여 부동산을 이른바 '줍줍' 하는 것이 일상이 된 시누이를 보면 이젠 부동산 투자에 겁을 상실한 건지, 간이 배 밖으로 나온 거 같다.

시누이는 모든 부동산(아파트, 상가)에 투자할 때마다 귀찮을 정도로 항상 내게 물어본다. 남편 월급을 알뜰히 쪼개서 살고 가끔 아르바이트로 부족한 애들 학비를 벌던 시누이는 현재 모피코트를 걸치고 사자 머리 파마에 멋진 50대 중년의 삶을 살고 있다. 이런 변화된 모습들을 보는 것이 나의 보람이고 행복이다.

그 돈의 힘은 공무원 급여에 비해 엄청난 힘을 가지고 있다. 진작에 부동산 임대수익의 맛을 알았더라면 그렇게 구차하게 살지 않았을 것이다. 돈이 되는 수익형 물건은 일단 임대를 맞추기가 수월하므로 그런 상가를 찾아낼 안목과 상권을 찾는 시행사를 찾아내서 상가 분양을 받는다면 안정적으로 임대수익을 얻을 수 있다.

시행사나 분양사가 책임 있게 임대를 맞춰서 분양하는 곳을 찾아내는 것도 엄청난 정보이고 돈이다. 수익형으로 돈을 벌 부동산 종류로는 첫 번째 단지 내 상가가 있다. 통상 1,000세대가 넘는 단지 내 상가는 일단 풍부한 배후 고정 수요가 있다. 배후에 직접 주거단지가 존재하는 장점이 있으므로 결국 이들 주거 세대를 직접 수요로 확보할 수 있다는 기대감이 높은 것이 단지 내 상가의 특징이다. 즉, 상대적으로 안정성이 높다는 것이다.

이런 특성들로 인해 안정성을 중시하는 초보 투자자들의 관심도가 높은 것도 사실이다. 실제 아파트 단지 내 상가의 주 수요층이 직접 배후 세대인 만큼, 단지 내 인구가 많다는 것은 유리하게 작용할 수 있다. 다만 대규모 단지 내 상가 구매 전 다음과 같은 사항들을 확인할 필요가 있다.

첫째, 상가 개수가 적정선을 넘어갈 정도로 포화되면 점포 매리트(경제효과)가 낮아질 수 있다. 아파트 단지 규모에 맞는 적정한 상가 볼륨이 있는데, 배후 세대가 많다고 해서 상가 수가 적정선을 넘을 만큼 과다하면 오히려 부정적 효과가 발생할 가능성이 크다. 따라서 상가 규모가 적절한지 잘 파악해보는 것이 좋다. 참고로 주택 건설 기준 등에 관한 규정에 따라 단지 내 상가 가구당 점포면적은 $1m^2$ 이하로 구성한다. 그리고 단지 내 상가 적정면적은 배후세대의 0.66~$1.3m^2$를 곱한 정도로 본다. 예를 들어 배후세대가 1,000세대라면 $0.66 \times 1000 = 660m^2$(약 200평)부터 $1.3 \times 1000 = 1300m^2$ (약 400평) 가량이 적정면적인 것이다. 이 면적을 초과하면 상가 공급과잉으로 볼 수 있다.

둘째, 근방에 다른 대형 상권이 있는지 살펴볼 필요가 있다. 단지와 가까운 곳에 대형 근린상권이 존재하면 아파트 세대원들이 출퇴근이나 등하굣길에 해당 상권을 방문하는 일이 많다. 이런 경우 작은 단지 내 상가는 근린상권에 밀려 어려움을 겪기도 하는데, 대규모 단지 내 상가도 업종에 따라 근린상권에 고객층을 뺏기는 일이 발생할 수 있다.

셋째, 단지 내 상가는 특성상 입점 가능 업종의 종류가 상대적으로 적다는 점을 고려해야 한다. 주거단지와 함께한 단지 내 상가는 일반적으로 생활 필수업종의 구성이 많은데 편의점, 부동산, 분식집, 학원, 세탁소 등이 자리하는 게 보통이다. 일반 근린상가들처럼 주점, PC방, 당구장, 노래방, 대형병원 등이 들어오기 어렵다. 다만 단지 내 규모가 크면 대형마트나 병원들이 입점하는 사례도 간혹 있다.

넷째, 직접 배후 세대뿐 아니라 인근 아파트 단지 주거 세대까지 불러 모을 여건이 되면 좋다. 아파트들은 보통 여러 단지가 모여 있는 경우가 많기에 큰 몸집을 바탕으로 근방에 있는 타 단지 거주자를 수요층으로 끌어올 수 있다면 더 유리한 것이다. 이를 위해선 입지와 업종 모두 중요한데, 단지 외 주민들도 쉽게 유입될 위치에 있으면서 주차 공간도 충분하게 확보한 곳이 좋다. 업종의 경우 소규모 단지에서는 입점하기 힘든 중대형 마트라든지 중형 이상 학원, 병원, 프랜차이즈 브랜드, 은행 365코너 등이 외부 세대의 발길을 끌어당길 업종으로 평가된다.

다섯째, 단지 내 상가 중 입지가 좋지 않아 고전을 면치 못하는 상가들이 있다. 이는 아파트 세대의 동선과 동떨어진 곳에 자리하고 있기 때문이다. 어떤 경우에든 아파트 단지 내 상가에 관심을 두고 있다면 아파트 주민들의 동선을 세밀하게 분석할 필요가 있다.

여섯째, 단지 내 상가의 도로 여건도 중요하게 체크해봐야 한다. 대로보다는 중로나 소로에 접해 있어야 사람의 유인성이 좋고, 도로와 상가 사이에 공원으로 녹지공간이 없어야 상권 형성에 좋다. 또한 안전 펜스가 있으면 정해진 횡단보도를 이용해야 해서 쉽게 상가를 이용할 수 없게 된다. 따라서 이런 디테일한 것도 잘 체크해야 한다.

일곱째, 출입구가 정해지지 않은 호수별로 도로나 단지 내로 접근할 수 있어야 한다. 정해진 출구가 있다는 것은 여러 개 호수를 그 출구를 통해서 이용해야 하는 불편함이 있고 통로는 전용률을 떨어뜨리기 때문에 이런 상가는 피하는 게 좋다.

단지 내 상가는 대체로 땅값이 높은 역세권 근린상가 등과 비교해 가격이 낮은 편인데, 이는 주거지 입지나 기대수요층에서 차이가 있기 때문이다. 대규모 상가라 해도 단지 내 상가인 만큼 근방 역세권 근린상가 수준으로 가격이 높다면 다시 한번 가격 적정성을 생각해 볼 필요가 있다.

수천 세대를 확보한 대규모 단지 내 상가는 분명 메리트 요인이다. 여기에 어느 정도 볼륨을 갖춘 상가는 해당 단지뿐 아니라 이웃 아파트 단지의 랜드마크로 통할 것 같은 기대감도 부른다. 그렇지만 어떤 상황이 되었든 단지 내 상가라는 한계점을 인지하고 극복할 수 있는 기본 규칙에 충실해 우량하고 알뜰한 상가를 고르려는 노력을 게을리해서는 안 될 것이다.

현재 수년간 초저금리라 불릴 정도로 낮은 수준을 유지하던 기준금리가 가파르게 오른 후 2024년 2월 기준 한국중앙은행 기준금리 3.50%에서 고금리가 지속적으로 유지되고 있고 추가 인상 가능성도 있다. 금리 인상은 재테크 시장에도 영향을 미치게 마련이기에 좀 더 안정적인 시각으로 보수적 접근이 필요하다.

반면, 예금수요는 높아지는 것이 보통이다. 상업용 부동산 시장에서도 금리 인상은 주의 깊게 살펴야 할 요소이기 때문에 대부분의 상업용 부동산 투자자들이 수익률을 높이기 위해 대출을 활용하고 있어 대출 비중 축소 및 기대 수익률을 낮춰 잡는 것이 바람직하고 금리 인상을 감안한 투자전략을 세우는 것이 좋다.

수익형으로 돈 벌기 좋은 부동산 유형의 두 번째는 아파트다. 아파트는 전세를 놔도 좋지만, 월 임대료를 받을 수 있는 것이 수익 창출 전략 중 하나다. 아파트는 단기적 투자보다는 장기적 투자의 관점으로 접근해야 한다. 지금처럼 급작스러운 역전세가 발생이 되면 전세금을 차액만큼 반환하기 위한 이자 비용을 오히려 임대인이 부담해야 한다. 따라서 투자수요가 없고 전세가가 상승하지 않으면 원하는 임대수익을 얻지 못하는 시기에는 신중할 필요가 있다.

아파트 상승 시장에서는 충분한 실수요가 있고 전세가율이 상승하면서 아파트 가격을 상승 요인으로 작용할 때는 종부세를 감당하고도 임대수익이 높지만, 아파트 가격 하락 시장에서는 오히려 수익률이 높지 않다. 아파트가 신축이 아니라 구축일 경우 노후로 인한 개·보수가 필요하기에 보유한 후 가치를 상승시킬 전략을 수립하고 리모델링, 확장 등을 통해 더 효율적인 임대료를 받을 방법도 모색해야 한다.

부동산은 끊임없이 투자 커뮤니티에 참여하고 다른 투자자들과 경험을 공유하고 전문가의 조언을 얻으면 좋다. 예상치 못한 상황에 대비하고 자금을 여유 있게 준비하고 감당할 만큼만 투자하라고 조언하고 싶다. 고이자로 인해 어려운 상황이 닥치더라도 전문가와 상의하여 계획을 수정, 변경하여 여러 방법을 모색하는 것이 좋다.

지하철역, 버스 정류장 근처의 상가나 세대수가 많은 아파트, 단지 내 상가 등 유동인구가 많은 곳을 먼저 임장해보고 활기가 넘치고 집 객이 많은지 체크해봐야 한다. 아무리 상대적으로 가격이 싸고 조건이 좋다고 하더라도 공실이 많을 때 투자하면 큰 손실을 볼 수가 있기 때문에 가격대나 여러 면에서 좋은 조건은 아니더라도 어느 정도 상권과 유입인구의 가능성이 큰 곳에 투자해야 세입자도, 임차인도 오래 버틸 수 있다.

특히 상가의 경우, 임차인 입장에서는 유동성이 많은 변화가 상권일지라도 바닥권리금(시설권리금 또는 영업권리금)을 너무 많이 주고 들어가면 초기 투자 비용을 회수하는 데 시간이 많이 소요되기 때문에 이런 점도 잘 참고해야 한다. 특히 상가나 건물의 경우 부동산 가액으로 건강보험료가 많이 인상될 수도 있음을 미리 알아야 한다.

그러면 수익형 부동산으로 안정적인 수익률을 기대하려면 월세는 어느 정도 맞춰야 할까? 통상적으로 5~6%, 높게 나오면 7% 정도 임대수익률 상가를 찾아보되 환매 시점에 되팔기 쉬운 상가 입지 조건을 따져서 투자하는 것이 좋다.

예를 들어 상가 매매액이 4억이고 보증금 3천에 210만 원으로 임대가 맞춰진 상가라면 자기자본금 2억 5천이 있고 대출 1억을 받았을 경우, 대출이자 40만 원 정도를 제하고 월세에서 160만 원 정도 남아야 잘 산 상가다. 쉽게 말해 매매가의 60% 정도가 임대료로 맞춰져야 한다. 상가 매매가액이 4억이면 2억 4천이 임대료로 책정이 되어야 하고 보증금 3천을 빼고 210만 원이 환산 월세(2억 1천만 원/100)가 되어야 한다는 것이다(수익률 계산은 임대가산정기준으로 상이할 수 있다).

신도시 상가를 분양받고 싶다면 분양 대금을 신탁회사에서 관리하는지 따져봐야 한다. 시행사가 예기치 않게 부도가 나더라도 신탁에 입금된 계약금 + 중도금은 전액 손실 없이 보존할 수 있으므로 내가 투자하는 돈이 안전하게 잘 지켜지는지 확인하는 것도 중요하다.

수익형 부동산은 눈에 보이지 않는 불안정한 요인과 변수가 존재하기 때문에 주변의 상권 변화로 큰 대형 상점이나 백화점이 입점하게 되면 수익률은 변동이 생길 수밖에 없다. 따라서 많은 정보를 탐색하고 주변 상가 업종이 바뀌는 것도 단순히 매출 감소인지, 전체적인 상권시장의 변화인지, 소비시장의 변화에서 오는 것인지 알고 있어야 투자 실패를 최소화할 수 있다.

또 다른 수익형 부동산 중에는 테마상가가 있다. 테마상가란 하나의 주제와 관련된 업종이 모인 일종의 대형 매장형 부동산이다. 의료, 음식점, 전자제품, 의류, 푸드코트, 회센터, 어린이 장난감 등의 한 가지의 특성을 살려 상권을 만든 것이 테마상가라고 생각하면 된다. 동대문 상가, 전자상가, 수변상가, 카페거리, 로데오거리, 가로수길, 공리단길, 제기동 한방상가 등이 그 대표적 예다.

이 테마상가는 소액으로도 투자가 가능하며, 유동인구가 많은 곳에 상가가 위치해 있어서 상권이 활성화된다면 시세 차익도 얻을 장점을 갖고 있다. 그러나 요즘은 테마상가로 알고 있는 동대문 쇼핑센타도 버티는 힘이 약해졌다.

부동산 시장은 시대에 맞게 투자 방식이 달라져야 한다. 하지만 이런 장점 뒤에 단점이 있다. 2000년대 초에는 높은 프리미엄 형성으로 인기가 많았지만, 홈쇼핑과 온라인이나 다양한 SNS 채널 발달을 통해 현재는 상권이 많이 쇠락하고 경매 단골로 전락이 되고 있다. 대부분이 1~2억 원의 소액 지분등기(지분 쪼개기)로 투자하는 경우가 많다. 실면적 3.3m²~10m²(약 1평~3평 정도)를 분양받아 임대로 주는 것이기 때문에 일반적인 상권투자보다는 복잡한 구조로 되어 있다.

이런 테마상가 분양은 크게 보면 세 가지가 있는데 분양 형태에 따라 리스크도 다르다. 우선 토지, 건물의 소유권이 이전되는 '등기분양'이 있다. 개별 등기가 나오기 때문에 본인 앞으로 법적 소유권이 있으며 언제라도 매매할 수 있고 재산권 행사를 할 수 있다. 이 경우 권리 확보 측면에서 다소 안전하다고 볼 수 있는데, 시행사가 부도나더라도 지분을 확보할 수 있다. 하지만 상가관리 측면에선 시행사의 전문적인 마케팅과 업종구성 전략 등의 혜택을 누릴 수 없다는 단점도 있다. 등기분양 상가는 상가 내에 입점한 점주들 사이의 의견일치가 어렵다는 점과 상권 활성화 실패 시 그 책임을 고스란히 본인이 져야 한다는 부담이 있다는 것도 알고 있어야 한다.

'임대분양' 방식의 상가도 있다. 이는 일정 기간 사용 가능한 임차권 있는 상가를 말한다. 즉, 최소 5년 이상 장기 임대의 형식을 취한 뒤 분양을 받는 방법으로 투자자금이 비교적 적게 든다는 장점이 있다. 사업 시행자의 재무구조가 건전하고 마케팅 능력을 충분히 갖춘 경우 등기분양에 비해 분양가가 싸고 재임대 등으로 고수익을 낼 수도 있다. 취득세 등 세제 면에서도 소유권을 취득하는 등기분양 상가에 비해 유리하다. 하지만 시행사의 부도나 사업 주체가 바뀌면 권리금은 고사하고 보증금조차 받지 못하고 속칭 '쪽박'을 차는 경우도 간혹 발생한다. 그래서 시행사와 시공사가 신뢰할 수 있는 곳인지 그 여부를 반드시 확인해야 한다.

임대분양 상가의 경우 소유권이 없기 때문에 오랫동안 장사를 안정적으로 할 수 있는 권리가 등기분양 상가보다는 떨어진다는 단점도 있다. 과거 잦은 상가 사기 분양으로부터 투자자들을 보호하기 위한 상가 '후분양제'도 있다. 후분양제 대상은 연면적이 3,000m^2(907평)를 넘는 대형 상가로, 단순한 사업허가나 분양공고만으로 투자자를 모집할 수 없으며 골조 공사의 3분의 2 이상을 마친 이후에야 분양에 나설 수 있게 된다.

사업자는 일간지에 분양가, 입점 예정일을 명시해 분양 광고를 해야 하고 사업장 출입구에 신고번호를 고시해야 하는데, 절차를 위반하면 최대 3년 이하 징역 또는 3억 원 이하의 벌금을 물 수 있다. 다만, 분양 광고 후 미분양 면적이 3,000m^2에 미치지 못하거나 미분양 비율이 50% 미만이면 수의계약을 통해 분양할 수 있다.

그러나 이런 테마상가의 투자에서는 상권이 비활성화 가능성이 크다는 리스크와 임대분양 방식의 경우 시행사의 부도나 사업 주체가 바뀌면 보증금을 돌려받지 못하는 경우도 많아 주의해야 한다. 또한 고정적인 임대수익을 얻을 수 있어도 시세 차익을 보기에는 다소 무리가 있는 상가라는 것을 알고 투자해야 한다.

기존 운영 중인 테마상가는 대부분 운영 실적이 좋지 않아 임차인이 영업을 그만둘 경우, 업종 제한으로 새로운 임차인을 구하거나 매도하기가 쉽지 않다. 테마상가 특성상 새로운 임차인으로 같은 업종이 들어와야 하기 때문이다. 따라서 꾸준히 매출을 올릴 수 있고 수요 소비층이 찾아올 수 있을 만큼의 홍보·마케팅 역량이 뒷받침되지 않으면 매출 감소로 인해 결국 폐업 절차로 이어진다.

마지막, 수익형 부동산으로 지식산업센터 상가가 있다. 지식산업센터는 도심 지역 또는 신도시에 중소기업이나 중견기업 공장과 사무실이 입주해 있는 아파트형 상가를 말한다. 과거에는 실제 아파트형 공장이라고 불렸지만 2010년 4월에 명칭이 지식산업센터로 변경되었다.

공장과 사무실로 구성되어 있고 1층에는 편의점, 식당, 커피숍 등 간단한 편의시설이 있다. 대부분 사업장이 입주해 있어서 소속된 직장인들을 대상으로 점심 시간대를 이용한 식당이나 카페, 편의점과 같은 업종은 고정 수익을 낼 수도 있겠으나 저녁 시간이나 주말에는 수요를 기대하기 어렵다는 단점이 있다는 사실도 염두에 둬야 한다.

그리고 1층을 제외한 나머지 층들은 공장과 사무실이 합쳐진 집합건물 용도로 준공 허가를 냈기 때문에 오피스텔이나 주거용으로는 사용할 수 없다. 일부 지자체에서 시행업체와 공무원의 유착 비리로 오피스텔이나 숙소로 사용하도록 내부 시설물을 해놓고 지식산업센터로 준공 허가를 내 문제가 된 경우도 있다.

대부분 지식산업센터는 입주율이 저조하므로 분양 대행사 말만 믿고 투자했다가는 낭패 보기 십상이다. 부동산 호황기에 우후죽순 분양받았다가 임차인도 못 구해서 장기 공실로 고금리에 유지비용

(관리비 등)에 못 버틴 물건이 경매 매물로 많이 나오고 있다.

2021년쯤 저금리에 집값이 오르던 시절 각종 규제가 주택에 집중되자 이를 대체하는 수익형 부동산으로 투자하기 좋은 상품이라고 유튜버들이 묻지마 투자 강의를 많이 했었다. 여러 이유로 투자자들이 몰리면서 일반 공장과 달리 공장 건축면적을 제한하는 '수도권 공장 총량제'도 적용받지 않다 보니 분양가의 70%~90%까지 대출을 받아 분양을 받은 것이다. 특히 수도권의 경우 투자자들이 줄까지 서서 분양을 받아가는 어이없는 사태에 이르게 된 게 불과 몇 년 전이다.

자신들이 부동산 투자의 성공 본보기라고 지식산업센터 재테크 강의를 팔았던 사람들은 지금 어디에서 무얼 하고 있을까? 2020년부터 시작한 지식산업센터 투자 광풍에 한 사람이 몇 개씩 분양받아 이자 감당도 못 하고 그야말로 애물단지 신세로 전락을 해버렸다. 산업단지 공단에 따르면 지난해 1월 말 기준 전국에 공급된 지식산업센터(설립 승인 기준)는 총 1,600곳으로 2020년 4월(1,160곳) 이후 440곳이 늘었다.

이처럼 공급은 과도하게 이뤄진 반면, 최근 경기침체로 수요가 줄자 전국 곳곳의 지식산업센터에서 대규모 공실 사태가 빚어지고 있다. 엎친 데 덮친 격으로 금리까지 오르면서 무리하게 빚을 내 투자했다가 원리금을 제때 갚지 못한 투자자들의 매물이 경매에 쏟아지고 있다.

경·공매 데이터 전문 업체인 지지옥션에 따르면 지난해 경매 시장에 나온 지식산업센터는 총 700건으로 전년도 400건에 비해 70%나 늘었다. 매물은 쏟아지지만, 수요는 줄면서 경매 매물 가운데 30%

만이 주인을 찾았다.

일례로, 3억을 주고 분양을 받은 A는 월세 150만 원을 받을 수 있다고 하는 분양 대행사 말에 속아 3개 호수를 분양받았다. 계약금은 10%만 있으면 투자할 수 있었기 때문에 9천만 원을 가지고 3개 호수를 분양받고 90% 대출까지 받아 등기를 마쳤다. 그 당시 아파트 가격이 많이 오르던 시기라 9천만 원으로는 아파트 투자 및 대출을 할 수 없었기 때문에 덥석 물어버린 것이다.

대부분의 지산 투자자도 마찬가지겠지만 한 호수만 투자한 사람은 별로 없었다. 한 호수당 150만 원씩 서너 채씩이면 450만 원이나 600만 원씩 수익이 나온다고 하고, 대출도 잘 나오는 데다가 금리도 낮다 보니 몇 개씩 미친 듯이 투자를 한 것이다. 아파트는 대출도 안 되고 주택 수만큼 취득세도 많이 내고 집을 많이 갖고 있으면 종합부동산세에 팔면 양도세 폭탄이라고 하니 유튜버들이 부추기는 지산 투자에 다들 쉽게 판단하고 달려든 것도 사실이다.

그렇기에 누구보다 공부를 많이 하고 향후 예측까지 깊게 하고 투자를 했어야 했다. 가장 중요한 것은 시행사와 입주 예정인 회사 사이에 모종의 커넥션이 있어서 좋은 호실은 먼저 선거래로 진행하는 경우도 많다는 것을 알아야 한다. 그렇게 회사 보유분으로 갖고 있으면서 일반분양으로 전환하지 않고 임대수익까지 챙기는 악덕 시행사도 많이 있다는 것을 일반 투자자들은 잘 모르기 때문이다.

지자체가 도시 자족 기능을 강화한다는 취지로 무분별하게 지식산업센터 분양을 승인하면서 현재는 공급과잉 상태에 이르렀다. 대표적인 지역이 하남 미사, 고양 향동, 평택 등이다. 공급과잉에 따른 공실 문제가 심각해지자 정부도 대책 마련에 나섰다.

하지만 이미 입주 수요도 고려하지 않은 채 무분별한 공급으로 투자수요만 양산하다 보니 대규모 공실 등 각종 문제가 발생한 상태이며 인허가 물량을 고려하면 당분간 지식산업센터 공급이 계속 늘어날 것으로 보여 문제가 단시간에 해결되기란 힘들 것으로 보인다. 현재는 부가세 환급도 포기하고 무피는 커녕 마피(마이너스 프리미엄) 지식산업센터가 수두룩하게 부동산 매물로 잔뜩 나오고 있다.

사람들은 도대체 왜 지산에 투자를 하게 되었을까? 일단 전매가 무제한이었고 저금리 대출로 90%까지 대출이 가능했으며, 취득세 50% 감면 혜택을 주고 종부세를 면제해주는 등 세제 혜택이 아파트에 비해 많았기 때문이다. 양도세 중과 규제를 받지도 않았기에 큰 수익을 얻는 한편 세금도 적게 낼 수 있다고 생각하니, 너도나도 묻지마 투자를 하게 된 것이다. 따라서 지산을 투자한 사람들의 경험을 보며 투자의 겸손을 깨닫길 바란다.

실물 부동산 부시고 고쳐서 수익 내기

　부동산은 크기, 모양, 위치, 조건, 가격에 따라 그 가치가 다르다. 이런 부동산을 어떻게 나누고 상권이나 수익 활성화를 잘하느냐에 따라 부가가치를 높일 수 있다. 예를 들어 요즘은 오래된 여관을 리모델링하여 임대사업으로 수익을 만드는 것이 활발하게 유행처럼 번지고 있고 아파트나 업무용 빌딩도 리노베이션해서 매매값을 더 높여 거래하는 경우가 많다. 앞뒤로 상가를 보유하고 있을 시 벽을 허물어 뒤쪽 상가의 기존 임대료를 더 높여 앞쪽 상가 임대료만큼 더 받는 방법도 있다.

　또 오래된 한옥이나 집들을 멋지고 운치 있게 리모델링해서 식당이나 카페로 개조해 장사수완이 좋은 사업주들은 엄청난 수익을 내고 피를 받고 빠지기도 한다. 건물은 크기에 상관없이 어떤 방법과 어떻게 해서 수익을 만들 건지에 대한 집중 마케팅을 연구하는 것이 좋다.

요즘은 찾아다니는 문화가 발달되어 있다. 음식점도 카페도 펜션도 모두 맛집과 입소문과 눈 채널 등 다양한 매개체를 통해 좋은 장소를 찾아다니면서 돈을 쓰는 게 현실이다. 단독주택을 점포주택으로 활용하려면 도로의 경우 8~10미터 도로를 확보해야 하니 도로가 좁은 경우는 애당초 어렵다. 따라서 위치 등 조건이 좋더라도 기존 용도에서 상위용도로 활용하려면 가깝게 지내는 건축사무소의 조언을 얻는 것이 제일 효과적이다.

또한 오래된 단독주택을 멸실하고 다가구주택을 지어서 수익을 내는 방법도 있는데, 다만 절차가 필요하고 까다로울 수 있다. 이 또한 건축사무소와 긴밀히 상의해보고 미리 여러 조건을 파악한 후에 부동산을 매입해야 한다.

해당 부동산을 매입하기로 결정했다면 일반적으로 멸실 및 건축절차에는 건축설계사와 현장조사를 하여 토지면적, 모양 등을 확인하고 건축주의(토지주) 의견을 수렴하여 가설계를 받고 협의하여 확정하고 본설계를 가지고 건축허가서류를 작성한다. 그리고 시공 및 감리 선정 계약을 하고 건축허가 신청을 한 후에 기존 건물 철거 및 멸실 신고를 하면 끝난다.

주민센터에 철거 예정일 7일 전에 멸실신고를 하면 된다. 낡은 주택을 사서 다가구나 소호텔로 수익을 내려면 입지가 제일 중요하다. 서민층이 많이 사는 다가구는 전세나 월세 수요가 많기에 교통시설이 편리해야 한다. 대중교통 이용 시 10분 이내의 거리면 노후된 다가구나 주변 교통, 배후시설이 좋은 지역이면 수익을 내기 적합하다. 재래시장, 병원, 쇼핑센터가 있으면 훨씬 임대료가 비싸기 때문이다.

집이 좁은 게 단점이므로 최대한 세탁실이나 다용도실, 팬트리나 창고의 공간을 활용할 수 있게 설계해야 한다. 또 벽체 일부를 헐고 아파트처럼 붙박이장을 아예 넣는 게 월세가 잘 나간다. 요즘은 편리한 주차시설 공간이 있는 것을 선호한다. 자가용을 소유한 사람이 많아 주차시설이 잘 갖추어진 곳을 좋아하므로 구청이나 건축사무소를 통해 주차대수를 반드시 체크해보길 바란다. 영세한 건축업자들은 방 개수를 많이 빼서 사업성을 최대한 높이기 위해 주차 공간이 협소하거나 불충분한 경우가 많기 때문에 반드시 이 부분도 체크해야 한다.

아파트 외에 실물 부동산의 종류는 크게 여섯 가지다.

첫째, 단독주택

건축법상 면적 제한을 크게 두지 않고 단독택지 위에 건축하는 형태다. 요즘은 신도시에 공기업에서 아예 단독주택부지를 입찰하기도 한다. 투자금이 많은 사람은 큰 평형대를 투자해서 나무도 심고 예쁜 조경으로 부를 자랑한다. 아파트를 싫어하는 부자들은 큰 단독주택을 선호한다. 예쁜 꽃과 나무와 함께 그림 같은 집을 짓고 살아보길 추천한다.

둘째, 다중주택

주로 돈이 많지 않은 청년들이나 노인들이 주방과 화장실을 다른 사람과 공동으로 사용하게 되어 있다. 원룸이나 고시원 등이 여기에 속한다. 불편을 무릅쓴다면 주거비용을 많이 아낄 수 있다. 하지만 슬픈 현실을 감내해야 한다. 긍정의 마음으로 현실을 딛고 잘 일어나보자.

셋째, 다가구주택
세대별로 주방과 화장실이 따로 되어 있다. 한 건물에 함께 살지만 독립생활이 가능해서 사회 초년생들이 원금으로 집 안 인테리어를 예쁘게 꾸며서 살기는 좋다. 하지만 이 또한 단독주택으로 분리되기에 각각 개인별 소유가 안 된다. 전세사기로 요즘 사회에 문제가 많이 발생하고 있는데, 사회 초년생들과 신혼부부들은 특히 조심해야 한다.

넷째, 연립주택(빌라)
흔히 알고 있는 4층 이하의 건물로, 세대별 소유권 등기가 가능하다. 상대적으로 건축비가 높고 매매가 부담스러운 아파트의 대안으로 많이 선호했지만, 예전에는 투자로 보던 상품이 지금은 꺼리는 부동산 투자 중 하나이기도 하다. 지금은 빌라, 다가구 등 경매에 가장 많은 물건이 쌓이고 있다. 따라서 빌라, 연립주택 투자는 신중해야 한다.

다섯째, 다세대주택
한 건물에 여러 세대가 거주할 수 있도록 하는 형태이지만 면적이 아주 작은 편이어서 주거공간이 별도로 분리된 4층 이하의 주택, 건축 연면적이 660m² 이하여야 한다.

여섯째, 도시형 생활주택

300세대 미만의 국민주택이며 주택 유형은 아파트이지만 아파트 생각으로 투자하면 손실이 엄청 날 수 있다.

이 정도만 알아도 부동산을 투자하는 데 조금은 알아들을 수 있을 것이다.

실물 부동산 쉐어하우스 수익 내기

쉐어하우스(share house)는 한 공간에 여러 사람이 공동으로 생활하는 주거 형태로, 부동산 투자의 하나로 간주될 수 있다. 쉐어하우스를 통한 수익을 내는 데는 입지가 매우 중요하다. 대학교 근처에 교통이 편리한 지역, 업무 중심지, 상업 중심지 등 수요가 높은 지역을 먼저 선택해야 한다.

쉐어하우스의 성공은 주거 공간의 품질에 의해 크게 의존한다. 각각의 입주자들이 편안하게 생활할 수 있도록 실내 공간디자인과 필수 편의시설 입점 등을 고려해서 삶의 질을 절대 저해해서는 안 된다.

쉐어하우스의 입주자를 모집하기 위해서는 효과적인 마케팅 및 홍보 전략을 세워 입주자 유치를 할 수 있다. 쉐어하우스를 마케팅 방법은 다양한데, 몇 가지 효과적인 전략을 소개하면 다음과 같다.

첫째, 소셜미디어 활용이다. 쉐어하우스를 홍보하고 관심을 유발하기 위해 소셜미디어 플랫폼을 활용하자. 인스타그램, 페이스북, 트위터 등을 활용하여 사진과 동영상을 공유하고 해시태그를 활용하여 더 많은 사람들이 볼 수 있도록 한다.

둘째, 온라인 광고다. 구글 애드워즈나 페이스북 광고와 같은 온라인 광고 플랫폼을 활용하여 타겟팅 광고를 게재해보자. 이를 통해 지역 내 잠재 고객들에게 직접적으로 광고를 노출할 수 있다.

셋째, 지역 커뮤니티 활동이다. 지역 커뮤니티 이벤트나 모임에 참여하여 쉐어하우스를 홍보해보자. 지역 주민들과의 관계를 구축하고, 입주자들에게 직접적으로 소개할 기회를 만들어보면 좋을 것이다.

넷째, 블로그 또는 콘텐츠 마케팅이다. 쉐어하우스와 관련된 유용한 정보나 팁을 제공하는 블로그를 운영하거나 콘텐츠를 작성하여 공유해보자. 이를 통해 쉐어하우스의 전문성을 강조하고, 검색 엔진에서 노출될 기회를 놓치지 말라.

다섯째, 현지 광고 및 포스터다. 지역 상점이나 카페, 대학 캠퍼스 등에 쉐어하우스를 소개하는 포스터나 광고를 게재하자. 현지 홍보를 통해 지역 주민들에게 쉐어하우스를 알리는 데 도움 될 것이다.

홍보 전략에도 몇 가지가 있다.

첫째, 현지 마케팅
쉐어하우스가 위치한 지역의 주변 상점, 카페, 대학 캠퍼스 등에 쉐어하우스를 소개하는 포스터나 브로셔를 배포해보자. 또한 지역 이벤트나 커뮤니티 모임에 참여하여 쉐어하우스를 홍보하면 좋다.

둘째, 입주자 추천 프로그램

현재 입주자들에게 새로운 입주자를 추천하도록 유도하는 프로그램을 시작해보자. 추천한 입주자가 계약을 체결하면 추천한 입주자와 추천을 한 입주자 양측에게 보상을 제공하면 좋다.

셋째, 친밀한 상호작용

입주자와의 친밀한 상호작용을 촉진하여 긍정적인 입소 경험을 유도해보자. 만족한 입주자는 주변 사람들에게 쉐어하우스를 추천할 가능성이 크다.

넷째, 고객 서비스

입주자들에게 우수한 고객 서비스를 제공하여 입주자들의 만족도를 높여보자. 만족한 입주자는 긍정적인 평가와 추천을 통해 쉐어하우스의 인지도와 신뢰도를 높일 수 있다.

이와 같이 운영하는 방법은 여러 경로를 통해 이루어지는데, 각종 커뮤니티에 참석해서 정보를 얻고 신중하게 검토해야 한다. 사업으로 충분한 가능성이 있다고 판단되면 그때 수행해 나아가야 한다.

각 방의 임대료는 32평 아파트 기준으로 할 때 안방의 경우 화장실이 껴 있기 때문에 보증금과 임대료를 다른 방보다 더 많이 받고 입주자 간 충돌을 최소화할 수 있도록 생활규칙, 규정을 만들어 불편을 최소화할 수 있도록 계약서상의 문구도 중요하다. 거실을 함께 사용하는 조건과 규칙도 충분히 소통해줘야 한다. 청결 유지, 시설물관리, 입주자들 간의 소통 등을 철저히 해야 문제를 최소한으로 할 수 있다.

쉐어하우스는 주택의 임대 수익을 극대화할 수 있다. 한 명의 입주자 임대 놓는 것과 여러 명의 입주자를 쉐어하우스로 임대 놓으면 통상 임대수익을 15% 이상 올릴 수 있다. 따라서 홀로 사는 한 세대로 국한하는 것보다 쉐어하우스로 더 많은 수익을 극대화할 수 있다는 생각의 전환이 필요하다. 사용요금은 입주자 간 총비용이 분담되기 때문에 각 개인에게는 전기, 수도, 가스, 인터넷 등의 공동 사용비용으로 부과하면 관리 운영비가 낮아진다.

쉐어하우스를 이용하는 입주자들은 공용 공간과 시설을 함께 사용함으로써 전반적인 생활비를 절감하고, 미니멀한 생활을 영위할 수 있는 등 여러 장점을 누릴 수 있다. 또한 다양한 사회적 상황 속에서 생활하게 되기 때문에 입주자들 간에 새로운 친구를 사귀거나 사회적 네트워크를 형성하는 데도 큰 도움이 된다. 특히 외국인의 입장에서는 쉐어하우스라는 개념을 비교적 쉽게 받아들이며, 사회적 연결의 부재를 해소할 수단이자 여러 장점을 지닌 주거 방식으로 인식하고 있다. 이들은 미니멀한 생활을 통해 생활비를 줄이고, 쉐어하우스가 주는 다양한 이점을 높이 평가하고 있다.

쉐어하우스는 다양한 소득원을 바탕으로 일부 입주자의 이탈이나 빈집 문제에 상대적으로 경쟁력을 갖추고 있다. 또한 도심 주거 문제, 재건축·재개발로 인한 이주의 문제해결에도 기여할 수 있으며, 젊은 대학생이나 외국인 노동자 등에게 필요한 주거 대안으로 자리매김할 수 있을 것이다.

이처럼 쉐어하우스는 많은 장점을 지니고 있지만, 단점 또한 존재한다. 입주자 간의 갈등이나 서로 다른 라이프 스타일로 인해 공동생활에서 예상치 못한 마찰이 발생할 수 있다. 무엇보다 지역별 규제나 법적 문제로 해결해야 할 사안들이 생길 가능성도 있다. 따라서 입주자의 인적 사항을 정확히 파악하고 꼼꼼히 관리해야 하며, 특히 외국인의 경우에는 여권이나 재직증명서 등을 사본으로 보관해두는 게 바람직하다.

방 하나를 세놓아 함께 거주하는 하우스메이트는, 자금이 부족한 사람이나 젊은 직장인, 대학생들 사이에서 특히 인기가 높아 '하메'라 불린다. 임차인을 찾기 위해 마냥 기다리고 있는 임대인들에게는 쉐어하우스를 통해 스스로 운영 수익을 창출해볼 것을 권한다. 이 방식이 새로운 용기와 기회를 안겨줄 수 있을 것이다.

공간을 공유하며 함께 생활하는 쉐어하우스는 특히 외국인들이 선호한다. 이는 서로 다른 문화가 자연스럽게 어우러지며 세계 각국의 문화를 공유하고 우정과 친밀감을 쌓을 좋은 기회를 제공하기 때문이다. 다양한 나라에서 온 외국인 친구들과 함께하는 생활은 마치 해외 어학연수에 온 듯한 자연스러운 환경을 만들어줘 큰 도움이 될 것이다.

쉐어하우스를 임대업으로 수익화하고자 한다면, 단기 임대료 기준으로 한 달에 60만 원, 3개월에 180만 원, 6개월에 300만 원 정도를 받을 수 있는 부동산 물건을 찾아보자. 충분히 경쟁력을 가질 수 있을 것이다.

  다만, 이 모든 과정을 혼자 진행하기에는 어려움이 따를 수 있으므로 직접 광고를 내기보다는 공인중개사의 도움을 받아 전문가의 조언에 따라 운영하는 게 바람직하다. 특히 대로변에 위치한 깔끔하고 신뢰할 수 있는 공인중개사와 긴밀히 소통하며, 멋진 쉐어하우스의 주인이 되길 바란다.

작은 꼬마 시행,
꼬마 빌딩

시행이란 곧 실행이다. 굳이 '디벨로퍼'라는 거창한 단어를 쓸 필요는 없다. 도로에 접한 토지를 매입해 컨테이너, 이동주택 혹은 모듈주택으로 건물을 세워보는 것 역시 시행이다. 나만의 작은 규모로 직접 시작해보는 것이 중요하다. 특히 조망권이 확보된 곳이라면 그 가치가 더욱 높아진다.

소셜미디어를 활용하면 소규모 예산으로도 효과적인 마케팅이 가능하며, 수익을 창출할 방법은 얼마든지 존재한다. 나아가 지역 커뮤니티나 온라인 플랫폼을 통해 사람들과 소통하고, 내가 직접 시행한 숙소의 위치를 널리 알리며 주변 인프라나 관광지를 함께 소개해 여행을 떠나고 싶게 만드는 것이 핵심이다.

초기에는 소규모 자본으로 시작하는 만큼, 효과적인 피드백 수집을 통해 성과를 내는 것이 무엇보다 중요하다. 요즘에는 에어비앤비

같은 플랫폼을 활용해, 토지 위에 이동식 건물을 설치하여 숙박 시설로 운영함으로써 수익 구조를 만드는 방안이 각광받고 있다. 이는 적은 비용으로도 고효율과 고수익을 실현할 매우 현명한 방법이다.

적은 투자금으로 바닷가나 강가에 예쁘게 색을 입힌 컨테이너나 카라반을 직접 설치해보는 것도 하나의 작은 시행이라 할 수 있다. 혹은 내가 살고 있는 근교에서 50평 남짓한 토지에, 용적률 200% 미만의 2종 일반주거지역에 꼬마 빌딩을 시행해보는 것 역시 훌륭한 방법이다.

4~5층 규모의 기존 건물을 신축하기 위해서는 설계비와 건축비 등 상당한 자금을 투자해야 한다. 그러나 이 과정에서 이웃 주민들의 각종 민원에 시달릴 가능성이 있으며, 신축 이후 초기 2~3년 동안은 높은 수익을 기대할 수 있지만, 5년이 지나면 건축물의 감가상각이나 공실 위험이 발생할 수 있으므로 신중한 접근이 필요하다.

경기가 어려운 요즘과 같은 시기에 사람들의 관심은 금 다단계, 일주일 단위로 이자를 지급한다는 금융 다단계 그리고 각종 코인 사기 등으로 쏠리고 있다. 눈만 뜨면 각종 신종 사기가 판을 치는 세상이다. 부동산에 관심을 두고 이 글을 읽고 있다면, 부디 정상적인 사고와 정확한 시야 그리고 올바른 안목으로 자산을 일궈 나아가길 바란다.

부동산, 특히 땅은 그만한 가치가 충분히 있으며, 부를 지켜낼 분명한 자산임을 잊지 말자. 땅 한 필지라도 직접 매입해 시행을 경험해본다면, 허황한 꿈을 좇지 않게 될 것이며 부동산의 진정한 깊이를 깨닫게 될 것이다.

지금 우리나라를 비롯해 각국은 침체된 경제의 심장을 다시 뛰게 하려 깊이 고심하고 있다. 2008년과 2009년 금융위기 당시, 전국의 미분양 주택은 16만 가구에 달했으며, 부동산 PF 규모는 84조 원이었다. 그러나 현재 미분양 가구 수는 임계점으로 여겨지는 7만 가구를 이미 넘어섰고, 부동산 PF 규모 또한 131조 원에 달하고 있다.

이는 무엇을 의미하는가. 금융위기 당시에는 건설사들이 땅을 매입해두고도 분양할 수 있었으며, 분양 여건이 그리 나쁘지 않았다. 그러나 지금은 과거와 달리 사업을 시작조차 하지 못하는 상황임을 뜻한다. 특히 지난 코로나19 팬데믹 시기에는 전 세계적으로 부동산 가격이 폭등하였고, 우리나라 또한 서울과 지방을 막론하고 집값과 땅값이 전국적으로 폭등했다.

현재는 경기 침체와 채권시장의 불안정성, 고인플레이션 등의 영향으로 사업성이 크게 악화된 상황이다. 건설사 입장에서는 높은 이자를 부담하면서까지 아파트를 지을 여력이 없으며, 수익성 자체가 확보되지 않기 때문이다. 더욱이 지금과 같이 아파트를 구매하려는 수요조차 부족한 현실 속에서, 비싼 가격으로 매입해 보유하고 있는 토지조차 처분하지 못하고 있는 실정이다. 결국 울며 겨자 먹기로 버티고 있는 상황이다. 더군다나 우리나라는 이미 스태그플레이션 국면에 진입했기에, 앞으로의 전망은 더욱 어두울 것으로 보인다.

스태그플레이션은 '경기 침체와 고물가가 동시에 나타나는 현상'을 의미하며, 우리나라로서는 사실상 처음 겪는 일이라 할 수 있다. 글로벌 경제사에는 석유파동과 같은 위기가 있었지만, 우리나라가 직면한 이번 경제난은 그 양상이 사뭇 다르다. 스태그플레이션이 인플레이션이나 디플레이션보다 더욱 무서운 이유는, 인플레이션이 '고물가와 고소득'을, 디플레이션이 '저물가와 저소득'을 뜻하는 반면, 스태그플레이션은 물가가 높은데도 소득이 늘지 않는, 극심한 경기침체를 동반하기 때문이다.

스태그플레이션은 '고물가에 저소득'이기 때문에 서민경제에 직격탄이 된다. 한국경제에 역성장했던 것이 80년 이후로 세 번 있었는데 오일쇼크, 2008년 글로벌 금융위기, 코로나19 펜데믹 때다. 현재는 이 정도까지 힘든 시기는 아니지만 2023년 초반부터 스태그플레이션에 진입한 것으로 보는 게 맞다면 당분간 지속될 가능성이 크다.

IMF를 제외하고 최근 우리나라 물가 인플레이션은 최고 6%대를 넘어섰고 현재는 3%대 후반으로 아직은 불안정한 상태다. 그 때문에 언제 다시 기대 인플레이션이 고개를 들지는 아무도 장담을 못 하는 상황이다.

이는 미국도 마찬가지일 것이다. 1929년 미국의 경제 대공황과 보호무역주의는 1933년까지 스태그디플레이션을 일으켰다(당시 물가 30%). 일본도 1990년대 버블이 꺼지면서 2012년까지 디플레이션에 빠지게 된다. 이 기간을 잃어버린 20년이라고 하며 아직도 일본은 그 충격으로 헤어나지 못하고 30년째 세월만 허비한 채 아무런 금리 대책도 제대로 펴지도 못하고 있다. 암울한 시간을 보내고 있는 거다.

분명한 것은 우리가 어떻게 대응하고 앞으로 잡히지 않는 물가와 저소득 상황에서 무엇을 준비할 것인지는 확실히 짚어야 할 문제인 것 같다.

2023년, 통계청 발표에 의하면 우리나라 19만 채가 빠진 사실이 드러났다. 총누락 물량은 19만 2330채로, 분당 신도시(9만 7600채)와 일산 신도시(6만 9000채)를 합한 16만 6600채보다 많다.

국토부가 2023년에 내놓은 '9·26 공급 대책'과 2024년 초 '1·10 부동산 대책'은 모두 공급에 초점이 맞춰져 있었다. 9·26 공급 대책에서는 '지난해 하반기부터 공급 여건이 악화하면서 단기적으로 주택 공급이 위축됐다'라고 진단했다. 1·10대책에서는 '작년 주택 공급의 선행 지표인 인허가, 착공이 위축됐으며 그중에서도 연립·다세대

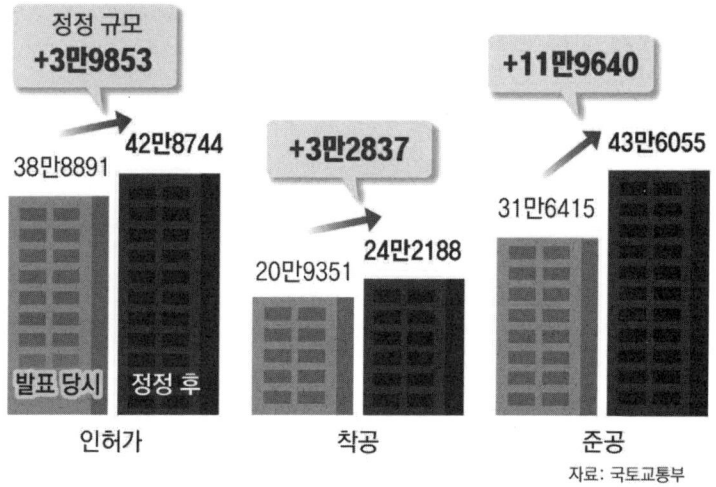

등은 더욱 크게 감소했다'라고 했는데 이런 진단의 근거가 모두 틀린 통계치였다는 사실이 확인된 것이다. 그동안 주택 공급이 부족해서 공급량 늘린다고 재건축, 재개발 인허가를 완화해준다고 했고, 그린벨트를 풀어야 한다는 얘기까지 나올 정도로 공급에 비중을 두고 있었는데 말이다.

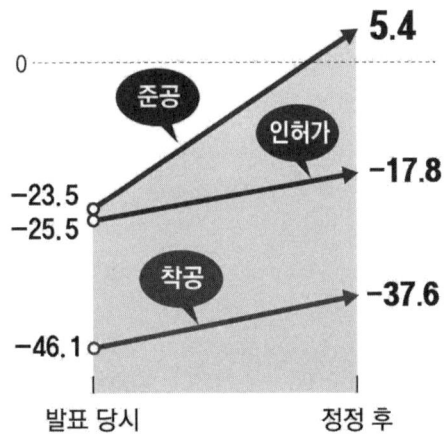

통계 오류로 뒤바뀐 2023년 주택 공급 실적 변동률 단위: %, 전년 대비.

자료: 국토교통부

과소 집계 원인은 국토부가 HIS(Hous Information System)와 세움터(건축행정정보시스템)를 직접 연계하는 방식에서 국가기준데이터 경유 연계 방식으로 시스템 인터페이스를 변경하는 과정에서 생겼다는데, HIS의 기능 개선이 이뤄지는 과정에서 사업 정보가 변경된 경우에는 HIS에 기록되지 않았다고 한다.

통계 오류를 바탕으로 정책이 설계됐는데 국토부는 과연 이 통계를 가지고 실수라고 얘기하는 의도가 무엇일지 혼란만 일으킨 부동산 시장에 과연 어떻게 신뢰를 회복할 수 있을지 의문이다. 현재 상승 추이가 계속되는 전셋값에 영향을 줬을 수도 있다. 그러나 위기 속에 항상 기회는 있는 법! 나 같은 시행사 입장에서는 원하는 땅을 가장 쉽고, 싸게 가져올 기회가 생긴 것이다.

모두가 획일적으로 몰려다니는 부동산 시장에서는 자칫 상투를 잡아 뒤늦게 묶일 수 있기 때문에 군중심리로 따라가지 말기를 당부한다. 부동산의 큰 흐름을 볼 수 있어야 하며 눈에 보이는 건물의 수익률만 보고 쫓아가서는 정확한 밑그림을 그리기 어렵다.

따라서 꼬마 시행은 부동산의 기초이며 뿌리이기 때문에 기초를 잘 다져야 골조가 탄탄해지고 완성된 건물이 무너지지 않는다. 큰 목표를 세우기 전에 작은 목표로 먼저 성공을 이뤄내는 게 중요한 것처럼 작은 시행을 통해 설령 실패하더라도 그 실패를 통해 학습하고 성공으로 나가는 기회로 바라봐야 한다. 작은 시행으로 시작하면 큰 부담을 줄이고 경험을 쌓아갈 수 있다. 자신감이 생기면 그 경험을 통해 더 큰 규모의 큰 시행 프로젝트에 도전하는 것도 가능해진다.

소액을 가진 사람일수록 감당하지 못할 부동산 시장에 남의 말을 듣고 무모하게 뛰어들지 말고, 소신 있게 나의 결정을 믿고, 나를 선택한 땅을 믿고 시행해보라. 진정한 부동산 투자는 본인의 노력과 땀이 가미되지 않은 상태에서는 도박이나 마찬가지다. 절대 100미터 단거리로 보지 말아야 하며, 42,195킬로미터의 긴 마라톤이라 생각하고 온 힘을 다해 뛰다가 힘들 때 한 모금 마시는 달콤한 생수처럼 긴 호흡과 희망을 가져야 한다.

　내일 일은 아무도 모른다. 오직 신만이 알 뿐이다. 처음부터 수익률에 빠져 함정으로 가지 않길 바란다.

06
임대 사업을 하는 고충

임대 사업을 하면서 제일 힘든 상황이 임대료 미납 및 연체 문제인데, 임차인과 서로 친해지거나 익숙해지면 법으로 해결한다는 게 참 어렵다. 모를 때는 '제소전 화해조서' 같은 판결을 임대차 계약서 쓸 당시 미리 받아놓고 임대인과 임차인 관계를 시작하면 좋은데……. 제소전 화해조서는 일반 민사분쟁이 소송으로 발전하는 것을 방지하기 위하여 소 제기 전에 지방법원 단독 판사 앞에서 화해를 성립시켜 분쟁을 해결하는 절차다.

제소전 화해가 성립되어 화해조서가 작성되면 화해조서는 판결과 같은 효력이 발생한다. 따라서 상대방의 재산에 대한 집행권원을 얻게 되어 강제집행을 할 수 있다.

화해 신청이 접수되면 법원은 필수적 기재 사항의 누락 등을 확인하여 흠이 있으면 보정을 권고한다. 법원은 신청서 등의 부본을 피신청인에게 송달하고 화해 기일을 정하여 양쪽 당사자에게 통지한다. 송달 불능 시에는 주소 보정을 해야 하며 신청인이 이에 응하지 않으면 신청이 각하된다.

화해가 성립되면 당사자는 화해조서 정본을 송달받는다. 화해조서는 확정판결과 동일한 효력을 갖는다. 따라서 건물주와 세입자가 계약을 유지하고 있는 한 효력도 유지된다. 단, 공동사업자로 변경되었거나 임차인이 다른 사람으로 변경되었다면 이때는 제소전 화해를 맺은 당사자가 달라졌기 때문에 제소전 화해조서가 무효가 될 수 있으니 유의하여야 한다.

사실, 법을 떠나서 인간적인 관계에서 갈등이 생기면 복잡미묘한 일들이 생기게 마련이다. 임대료가 제때 납부되지 않으면 현금흐름 문제가 크기 때문에 요즘처럼 고금리일 때는 난감한 상황이 발생하면 나는 최대한 임차인들과 서로 웃으며 협상한다.

5% 이내 인상하는 것도 어떤 임차인은 두 달 전에 경기가 어려우니 올리지 말라고 미리 내용증명을 보내기도 한다. 모든 조건에 불만이 있을 수 있고 서로 다른 기대치 등으로 갈등의 원인이 될 수 있기 때문에 임대사업자에게는 그런 고충이 크다.

부동산 시장의 불안정성이나 변동성은 임대사업자에게 큰 영향을 미칠 수 있다. 금리변동, 경제 상황의 불확실성이 여기에 속한다. 또한, 임대사업자는 임대업에 대한 법적 규정과 규제가 임차인보다 더 강하다. 법적 문제로 발생할 위험에 대비해야 한다.

코로나19 때 일이다. 2년 계약이 만료된 수학학원 임차인이 찾아와 임대료를 8% 인상하는 대신 계약 기간을 3년 더 연장해달라는 요청을 했다. 그래서 서로 쌍방 합의하에 계약서에 서명·날인까지 마쳤는데 한 달 뒤에 갑자기 찾아와서 코로나로 인해서 학원생이 많이 줄어 학원 운영이 어렵다고 계약을 해지하고 나가겠다는 거다.

당시 정부가 소상공인에게 상가임대차 특별법(상임법)보다 더 특별한 법률조항을 개정해 코로나19 감염병에 따라 3개월 이상 집합 금지나 제한 조치를 받은 세입자가 폐업을 신고한 경우 언제든 계약을 해지할 수 있도록 한 조항에 따라 임차인만 보호되고 임대인은 하소연도 못 하는 상황에서 너무 황당한 일이 있었다. 결국, 3개월 뒤 보증금을 돌려주고 예상치 못한 공실이 된 사무실을 임대 놓기까지 금융비용 및 공실 상태에 관리비까지 모두 감당할 수밖에 없었다.

또 한번은 부득이 건물 관리비를 인상해야 한다는 내부적인 종합적인 의견에 따라 인상했더니 한 회계사가 쫓아왔다. 왜 이렇게 관리비를 많이 인상한 거냐고 불만을 얘기하면서 빌딩 전체 연판장을 돌려서 빌딩을 가져갈 수도 있다고 했다. 세상에는 정말 별별 사람 천지다.

빵과 커피를 판매하는 한 제빵업자는 가장 넓은 면적의 점포를 임차한 상태에서, 시도 때도 없이 인테리어를 변경하고 불법 건축물을 무단으로 설치하여 테라스를 조성하는 등 관할 구청의 허가 없이 2층과 연결되는 계단을 만들었다. 이 모든 과정에서 임대인과 어떠한 협의도 거치지 않은 채 임의로 개·보수를 해댔다. 더군다나 임대료도 연체 중이다. 이러한 상황에서 갑작스러운 공실 리스크와 일상적인 유지보수, 각종 시설물 설치에 따른 관리 책임은 모두 임대인에게 전가될 수밖에 없다.

　세상에 무엇 하나 쉬운 게 없다. 경제적 어려움으로 사무실과 상가가 계속 비어 있는 경우 임대사업자는 수익을 얻지 못하므로 재무적인 어려움이 있을 수 있다. 차라리 스타벅스처럼 거대 기업이 입점하면 임대료 및 관리비 연체를 걱정할 필요가 없는데!

　100억대 이상 건물을 소유하게 되면 매년 공인회계사에게 회계를 맡기고 1,600만 원 이상 수수료를 줘야 한다. 매달 공인회계비용과 분기별 부가세신고, 7, 9월 재산세, 12월 종부세, 3월에 법인세 결산뿐만 아니라 승강기 교체비용 등으로 건물가치 증가를 위한 생각지 못한 비용도 어마어마하다.

　다행히 변호사들의 임대료는 거의 제날짜에 어김없이 통장에 꽂힌다. 아마도 금리에 숨이 턱 막혔을 법도 한데 많이 공부한 지적 수준의 가치가 여기서 또 한 번 진가가 발휘되는 것 같다.

　서두에서 언급한 바와 같이 제소전 화해조서를 작성해서 판결을 받아 놓으면 소송이 필요 없이 임대인은 손해를 면할 수 있다. 반드시 임대업을 고민하고 있다면 업종을 잘 따지고 그 업종의 특성을 파악하여 임대를 맞춰야 한다.

　나도 제일 후회하는 것이 제빵업자 하나가 속을 지독하게 썩였고, 제소전 화해조서를 작성해서 공증을 해놨더라면 속 썩는 일 없이 임차인을 내보낼 수도 있었는데!

　인정으로 사업하지 마라. 어떤 이는 굳이 안되는 위치와 규격을 광고물로 부착하게 해달란다. 참 어렵다. 서로 조금씩 배려해서 정해진

규칙과 원칙대로 하면 좋으련만, 그게 쉽지 않은 게 임대업이다. 임차인의 인테리어도 지자체의 지적 사항에 또는 소방법에 걸릴 수 있으니 사소함까지도 꼭 신경 쓰길 바란다.

건물 임대업은 이런 식의 고충이 정말 많다. 그러다 보니 사행성 임대업은 적극 반대다. 게임, 불법도박은 처음에는 엄청난 임대료를 줄 것이지만, 결국 적발되면 재산에 큰 데미지가 있을 수 있기에 꼭 업종 선택을 잘하길 다시 한번 강권한다.

주차공간의 협소함과 잔고장도 늘 문제다. 새 건물을 지어서 공사하는 비용도 만만치 않지만, 준공 후 10년 정도 경과되면 여기저기 설비나 시설 등 보수비용이 많이 들어간다. 건물은 감가상각이 되는 게 단점이지만 땅이 받치고 있는 가격으로 시세 차익을 볼 수 있기 때문에 임대업으로 수익률까지 맞춰지면 금상첨화의 건물주가 될 수 있다.

세상에서 가장 불쌍한 부자는 숟가락 놓을 때 놓치는 부자라고 본다. 부러워 말되, 도전은 해보자. 건물주 위에 임차인이 있음을 통감하게 될 것이다.

결론은 이거다. 모든 고충을 완화하고 임대 사업을 원활하게 운영하기 위해서는 신중해야 할 것이 많다. 임차인 선정, 명확한 특약 조건, 분쟁의 소지가 있는 것은 미리 법률적인 검토를 받아야 하고 건물의 시설관리 또한 중요하다. 그러나 어디서 복병이 생길지 모르고 어느 임차인이 쫓아와서 불평불만을 쏟아낼지도 모르니, 대비해야 한다. 임대인은 언제나 마음을 놓을 수 없다. 오죽하면 '건물주 위에 임차인'이라고 할까?

07
자장면도
못 사 먹는
건물주

언젠가부터 건물만 보면 임대수익률이 자동으로 계산된다.

'1층은 최소 얼마 정도 임대료가 나와야 하고, 이 건물은 과연 임대수익률이 얼마나 될까?'

건물만 보면 여러 가지가 궁금해진다. 아마도 부동산에 관심 있는 사람들은 나와 똑같은 궁금증을 갖고 있을 것이다.

건물 임대료의 큰 비중을 차지하는 1층 임대료를 많이 받으려면 상권이나 교통이 좋아야 하고 무엇보다도 최소 유동인구가 하루 만 명은 되어야 건물주로서 자장면은 사줄 수 있다. 그리고 건물 임대수익률이 최소 6%는 나와야 건물을 유지하고 갈 수 있다. 그러나 지금처럼 불경기와 고금리일 때는 임대수익 6%도 현실적으로 많이 힘들다. 특히 요즘처럼 고이자에 버티며 자장면으로 때우는 임대인들도 수두룩하다(요즘은 자장면도 비싸다).

건물주가 처음 되려는 이들이 명심해야 할 것이 있다. 임대수익만 보고 실제 금액보다 더 부풀려 써진 계약서만 믿고 덜컥 건물을 승계받으면 폭망이다. 어떤 건물은 임대료보다 은행 이자가 더 나가게 되는 비현실적인 수익률이 많다. 차후 엑시트할 경우 수익을 더 받는다는 말에 건물을 승계받으면 매달 지옥을 경험하게 될 것이다.

건물주의 희망을 가지고 용기 있게 투자하는 건 좋으나 내 주머니에서 매달 이자를 내는 경우라면 절대 추천하지 않는다. 아무리 주변 인프라가 좋을지라도 내 돈에서 이자를 내는 건 뜯어말리고 싶다. 최소 은행 이자보다는 수익률이 높아야 자장면을 맛나게 사 먹을 수 있지 않겠는가? 종합소득세, 재산세(건물분, 대지분) 등 세금도 만만치 않기 때문에 중개사들의 말만 듣고 건물주가 되면 늘 심장마비 비슷한 증상을 경험하게 될 것이다.

요즘은 모든 물가와 건축비가 크게 상승하고 있어, 건물을 매입할 때 상당한 자금이 필요하다. 따라서 건물을 구입할 때는 단순히 외관이나 수익률만 볼 것이 아니라, 엘리베이터의 연수가 얼마나 되었는지, 기계식 주차장의 노후도와 전체 교체 또는 일부 교체가 필요한 시점인지, 소방이나 전기 등 기본 설비시설의 상태까지 면밀히 점검해야 한다. 이러한 요소들을 꼼꼼히 확인하고, 필요하다면 교체나 보수를 조건으로 가격 협상을 진행해야 추가 비용으로 인한 손실을 최소화할 수 있다. 물론 가능하다면 새 건물의 주인이 되기를 권한다.

건물주가 되고 싶은 욕망으로 테마상가를 기웃거리는 이들도 있는데, 테마상가 건물주는 절대 꿈도 꾸지 말자. 건물 투자는 시대의 흐름을 잘 읽어야 한다. 2000년대 초반에는 미친 듯 분양이 되고 건물주가 되면 임대료를 받을 수 있고 프리미엄도 받고 시세차익을 보는 게 그다지 어려운 건 아니었다. 너도나도 투자에 광풍이 불었던 시기다. 그러나 지금은 아니다. 어떤 테마가 있느냐, 병원과 약국을 임대로 맞출거냐, 법조인 특화건물로 만들건지 스스로 기준을 정해서 투자하고 준비된 건물주가 되어야 한다.

아주 오래전에는 극장이 있는 건물을 많이 선호했다. 코로나 이후 사람들의 생활 패턴이 바뀐 이후 영화 등을 다양한 OTT를 통해 편리하게 볼 수 있기 때문에 극장의 수요가 많이 줄었다. 그러다 보니 관련 건물이 매물로 많이 나와 있다. 나에게도 코로나19 바로 직전에 50억짜리 영화관 건물을 사라는 제안이 들어왔다. 이런저런 일들로 바쁘다 보니 흘려보냈고, 코로나19 사태가 터졌다. 아마 영화관 건물을 샀더라면 나는 지금 빌딩주로서 자장면은 커녕 2,000원짜리 김밥도 못 먹고 있지 싶다.

투자에는 운도 따라줘야 한다. 돈만 있다고 해서 무조건 건물주가 되고 돈 버는 건 아니니, 늘 신중하고 또 신중하길 바란다.

다가구주택의 건물주는 특히 구분등기가 안 되고 역전세대란이 언제 터질지 모르니, 절대 전세가를 너무 높게 상정하면 안 된다. 고의로 세입자의 전세금을 돌려 다가구를 수십 채씩 보유하는 악덕 빌라왕들이 무거운 처벌을 받고 있다. 그러나 고의성이 아닌, 어쩌다 보니 역전세로 세입자의 전세금을 반환하지 못하는 빌라왕도 같은 처벌 수위에서 벗어날 수 없으니, 전세금은 일부 금액이라도 세입자와

상의해서 현금 질권이라도 설정하여 서로가 안전한 관계를 만들어가는 게 좋다.

또 하나의 방법은, 세입자들에게 받은 보증금으로 은행 대출 등의 채무를 상환하고, 기성세대가 젊은 청년들이 세상을 긍정적으로 바라볼 수 있도록 노력하며 신뢰를 쌓아가는 것이다. 무엇보다 전세 보증금을 이용해 무리한 투자를 감행함으로써 세입자에게 씻을 수 없는 상처를 주는 일은 결코 해선 안 된다. 이는 결국 모두를 파국으로 몰고 가는 길이기 때문이다.

건물주, 집주인, 세입자 모두가 경매로 내몰릴 수밖에 없는 요즘의 현실은 참으로 안타깝기 그지없다. 이 책을 읽고 있다면, '내 돈이(보증금이) 건물 채무가 일부 변제되는가?'를 꼭 자문해보길 바란다. 건물에 근저당권이 설정되어 있음에도, 새 건물이라는 이유로 섣불리 임차 계약을 체결한다면, 그 모든 책임은 고스란히 임차인의 몫이 될 수밖에 없다. 건물주든 세입자든, 서로 얼굴을 마주 보며 자장면값을 기꺼이 낼 관계가 되려면, 이 정도의 기본적 상식들은 알고 있어야 한다.

08 아파트 부자는 괴롭다

　모든 투자의 기본 원칙은 달걀을 한 바구니에 담지 않는 것이다. 아파트에 투자하려고 하는 건 환금성이 가장 빠르기 때문이다. 족집게 과외처럼 "어느 지역, 어느 아파트, 얼마 가격에 매수하세요"란 없다. 투자 역시 어느 정도는 운도 따라줘야 하고, 타이밍도 맞아야 한다.

　달리는 말에 올라타려는 듯이 급상승하고 있는 곳에 '묻지마 투자'를 하기보다는 시장의 흐름을 잘 잡고 타이밍을 지켜보면 안전한 투자, 성공적인 투자를 할 수 있다. 나무만 보지 말고 숲을 봐야 한다. 빠른 수익을 보겠다는 심정으로 아파트에 투자하면 국가 정책이나 세금에 옭아매지는 경우가 발생한다.

　분양권도 절대 쉽게 생각하고 투자해서는 안 된다. 가격이 하락하게 되면 전매가 어렵고 또한 1년 이내 양도 시에는 양도세를 70%를 내야 하기 때문에 잘 판단해야 한다. 아파트라고 해서 단순 거래로 생각하고 큰 흐름을 보는 눈이 없으면 실패하기 십상이다. 신도시가 만들어지는 곳에는 아파트의 경우 특히나 시공사의 인지도 및 조망, 도시의 인구 교통인프라, 상권 인프라 등 여러 요인이 결과물을 만들어낸다.

재건축, 재개발 물건들도 주택 소유욕이 꺾인 중년층 이상이 많이 거주하기 때문에 이주시키고 보상하는 등 여러 과정을 거쳐 관리처분 인가까지 시간이 오래 걸릴 수밖에 없다. 낡은 빌라나 주택을 최대 대출을 받아서 매입했을 경우 내가 생각한 기간보다 훨씬 더 많이 오래 걸리는 게 재건축, 재개발이다. 그렇기에 특히 더 신중하게 고려해야 한다.

모든 실물 부동산, 즉 아파트, 오피스텔, 빌라, 근린상가주택, 단독주택 등은 건축비 상승과 고금리 그리고 경제 악화와 같은 외부적인 부정적 요인이 커질수록 원금을 회수하지 못할 가능성이 커진다. 특히 건물은 시간이 지남에 따라 노후화되며 감가상각이 심화되어 감정평가액에 영향을 미치고, 이는 곧 대출 여신 문제로 이어질 수 있다.

이러한 이유로 매입 당시 대지권을 얼마나 보유하고 있는지가 재산 가치의 중요한 기준이 되며, 이는 부동산 투자 시 반드시 유념해야 할 사항이다. 실물 부동산 매매의 경우, 토지 지분이 많을수록 투자금 상승 여력이 커지기 때문이다. 특히 외환위기나 세계 금융위기와 같이 예측하지 못한 외부적 요인들이 언제든 도사리고 있음을 염두에 두면서, 투자에 임할 때는 반드시 감당할 수 있는 범위 안에서 신중히 결단해야 한다.

대전의 대장 아파트라고 하는 둔산동 크로바 아파트는 층간 소음으로 소변 보는 소리, 핸드폰 소리가 들릴 정도로 층간 소음이 취약하지만, 경매로 나오는 가격은 100%대를 지켜내고 있다. 이는 바로 학군, 교통, 인프라의 영향 때문이다. 이 아파트는 전세가율이 매매가의 70~80%대 이상을 차지한다.

부동산 성장기 때는 무엇을 사도 성공 가능성이 크지만, 침체기로 접어드는 타이밍을 모르고 자칫 판단 미스가 나면 암흑기까지 매도를 못 하게 되는 경우가 있기에 잘 대비해야 한다.

부동산에는 언제나 사이클이 존재한다. 활황기가 있으면 반드시 침체기가 찾아오게 마련인데, 이런 점에서 부동산은 사람의 인생과도 같다. 공급이 지나치게 늘어나 선택의 폭이 넓어지더라도, 일단 침체기가 도래하면 시장이 다시 원상회복되기까지는 많은 시간과 비용이 소요될 수밖에 없다.

수년 전 빚을 내어 다주택 투자를 감행했던 이들은 지금 그 대가와 비용을 혹독히 치르고 있는 게 현실이다. 집이 한두 채면 크게 고민할 필요가 없는데, 여러 채를 보유하고 있는 경우에는 역전세로 골머리를 앓고 있다. 그래서 급매나 경매로 결국 손절매를 해야 하는 안타까운 일이 많이 벌어지고 있다.

똘똘한 한 채를 찾는 것은 이런 이유 때문이다. 세입자를 모시기 위해 오히려 임대인이 을이 된 상황이다. 특히 아파트 투자에 있어서 침통한 참패는 2007년 리먼 사태 이후 처음 겪는 일인 듯하다. 아파트를 신축으로 투자하고 싶으나 자금이 부족하다면, 리스크를 헷지하기 위해 공투로 들어가는 것을 추천한다.

코로나19 이후 재택근무자가 증가하고 프리랜서형 직업이 다수 등장함에 따라, 주거지 선택에서도 직장을 중심으로 한 시간적·공간적 제약에서 점차 벗어나고 있다. 이제 부동산 시장에서는 물리적 입지보다는 주택의 기능성, 편리성 그리고 삶의 질적 수준이 더욱 중요한 요소로 부각되고 있다. 주택을 선택할 때는 단순히 시세 차익에 대한 막연한 기대만으로 투자하기보다는 사람들의 이동 동선을 면밀히 살펴보고, 입지 여건에 따른 수요층의 선호도 변화와 주택시장의 새로운 흐름을 주의 깊게 관찰해야 한다.

앞서 언급했듯이, 현재 우리나라도 많은 경제적 어려움을 타개하기 위해 고심을 거듭하고 있으나, 여전히 뚜렷한 해답을 찾지 못하고 있다. 미봉책으로 증시 부양책이 발표되기는 했으나, 전국적으로 신규 분양이 거의 멈춘 상황에서 부동산 시장은 그야말로 혹독한 냉각기를 맞고 있다. 과거 이명박 정부 시절에는 신림동과 문정동 일대에 수많은 아파트에 대해 취득세·등록세 면제를 시행한 사례가 있다. 이제 다시금 얼어붙은 부동산 경기를 실질적으로 활성화할 수 있는 근본 대책이 마련되어야 한다. 이 현실이 너무나도 안타깝다.

09

그대여, 튕겨라

 부동산 투자로 돈을 많이 버는 사람들을 바라보는 시각은 각양각색이다. 부동산으로 부를 쌓은 사람을 투기꾼으로 보는 사람이 절반도 더 된다. 하지만 그들 기준대로 평가하는 것이므로 어쩔 수 없다. 세금을 은닉하거나 불법적인 투자를 하지 않고 잘 먹고 잘 살면 그만이다. 남들의 시선에 연연해하지 말고 내 삶의 일거수일투족 얼마나 미친 열정을 갖고 살았느냐가 중요하고 그 모습이 진정 본연의 나인 것이다.

 부동산 투자로 돈을 벌어서 통장이 두둑해지면 나의 존재 가치는 절대 흔들리지 않는다. 나의 콤플렉스를 가리기 위해 겉만 화려한 게 아니면 된다. 열등감과 콤플렉스나 피해의식도 통장의 잔고에 따라 깊이가 다르다.

 부동산은 재화 중 특별하다고 볼 수 있다. 부동산에 투자한 원금은 거의 사라지지 않기 때문이다. 제일 중요한 건 브리핑을 잘하는 기술력이 필요하다는 것이다. 부동산은 상품이 다양하게 있지만 각각 금액도 다르고 위치도 다르고 종류도 다르다.

다양한 투자 경험으로 컨설팅 기술을 습득하길 바란다. 돈이 모이는 곳에 투자 전문가는 분명히 있지만 사기꾼이 모이기도 한다. 경기가 어려울수록 더 큰 수익률에 현혹되어 순간 나락으로 빠지기 쉽기에 나에게 고수익률을 제시한다면 일단 충분히 검토하고 숙고하고 또 짚어봐야 한다.

'전국 각지에 전문가가 많고, 돈 많은 사람 또한 많은데, 이 물건이 왜 나에게 왔을까?'

이를 고민해보고 먼저 서류상 부동산 물건을 정확히 짚고 인지해야 한다. 똑같은 물건으로 실패해서 좌절하지 않기 위해 지금 자신에게 닥친 이 상황을 객관적인 데이터로 관찰하고 주변 전문가들의 견해를 참고하거나 통계치로 움직이는 부동산을 임장으로 또 점검해야 한다.

부동산은 사랑이다. 연인들이 서로 사랑하듯 부동산 물건을 사랑하고 결국은 성공으로 일궈내야 한다. 내 앞에 등기권리증이 잔금을 치른 후 며칠 만에 나오는지, 신탁에서 관리하는 부동산인지, 개인업자가 만든 부동산은 아닌지를 잘 봐야 한다. 특히 신도시 부동산은 국가나 공기업에서 주로 도시계획법에 따라 택지를 조성하기 때문에 안전하다.

종종 떴다방 방식의 부동산들이 전매 차익을 주겠다는 조건 또는 수익률이 높은 좋은 조건들로 접근하는 경우가 있기 때문에 반드시 다시 한번 짚고 넘어가길 바란다. 순간의 군중심리로 내가 오늘 아니면 다른 투자자에게 뺏길 것 같은 불안한 심정이겠지만, 절대 그렇게 생각하면 안 된다. 때로는 단호한 거절이 필요한 게 부동산이다. 워낙 큰돈이 움직이기 때문이다. 소개하는 사람(컨설팅업자)의 순재산이나 총자산이 얼마나 되는지도 짚어보는 게 좋다.

자산이 많은 사람은 이미 부동산을 어느 정도는 일구고 성공한 사람이라서 경험치가 많기에 반드시 소개자의 자산 점검이 필요하다. 잠시 그 물건을 놓쳤다고 해서 아쉬워하지 말자. 튕겨라! 투자할 돈이 없는 자도 튕겨라!

어느 정도 자산이 있는 사람이 하는 컨설팅은 자신감이 넘치고 아주 기분 나쁜 브리핑을 한다. '네가 굳이 안 해도 돼' 하는 식의 브리핑! 나는 늘 상대방이 꼭 하지 않아도 된다는 식의 브리핑을 많이 한다. 돈이 없고 결정권이 없는 사람들은 나의 브리핑에 분개하곤 한다. 그래서 돈을 만들어 갖고 오는 고객도 있다. 가끔 와이프를 데리고 사무실을 다시 찾는 경우가 있는데, 고객이라고 해서 모든 시간과 비위를 다 맞출 필요는 없다. 내가 하는 일은 순수한 서비스업이 아니기 때문이다.

"고객님의 자금을 명확히 알려주지 않으시면 저 또한 투자 물건을 오픈할 수 없어요. 100억짜리 서울 빌딩 사라고 하면 사실 수 있겠어요?"

이렇게 튕긴다. "돈은 있는데 들어보고 좋은 물건이면 살게요" 하는 식으로 말하는 고객은 신뢰가 없기에 굳이 내가 "이 물건 있어요. 저 물건 있어요" 하며 애써 시간 들여 브리핑할 필요가 없는 것이다. 상대가 패를 정확히 보여줘야 나도 갖고 있는 패를 보여줄 수 있는 거다.

특히 매도시장에서는 더욱더 튕겨야 한다. 현재 부동산 시장이 침체기라 하더라도, 보유하고 있는 물건을 지나치게 낮은 가격에 헐값으로 내어주는 일은 피해야 한다. 모든 부동산에는 반드시 임자가 있으며, 내 물건에 관심을 갖고 연락을 해오는 이가 있다는 사실을 잊지 말아야 한다. 상대방이 불경기를 이유로 가격협상을 시도한다면, 흔들림 없이 단호히 거절할 필요가 있다.

심리전 밀당에서 절대 져선 안 된다. 심리전에서 가장 중요한 건 상대의 마음을 꿰뚫어 보는 힘이다. 단순히 알아만 보는 사람한테 아까운 시간을 낭비할 필요는 없다!

10
못된 주인 길들이기

한번은 선릉 오피스텔을 얻어 아이 두 명 다 자취를 시켰다. 그런데 어느 날 만기가 채 되지도 않았는데 주인한테 전화가 왔다.

"부동산 정책이 바뀌어서 임대료랑 보증금을 올려주시든가, 아니면 몇 달이라도 미리 방을 빼주셨으면 좋겠어요."

전·월세 가격이 하늘 높은 줄 모르고 치솟는 상황에서, 집주인 입장에서는 더 많은 임대료를 받고자 하는 욕심이 생길 수 있음은 이해한다. 그러나 계약 기간이 아직 끝나지도 않은 상황에서, 월세를 올려달라거나 아니면 방을 비워달라는 식의 요구는 내 상식으로는 도저히 납득할 수 없었다.

집주인의 눈치를 살피며 간신히 임대 기간을 채우고, 이사를 마친 뒤 보증금 환불을 요청했다. 그러나 집주인은 변기 뚜껑에 금이 갔다느니, 세면대 거울에 흠집이 생겼다느니 하며 여러 가지 말도 안 되는

트집을 잡으며 보증금에서 수리비를 공제하겠다고 주장했다.

도저히 참을 수 없었다. 내가 누구인가! 또라이 정선미가 꼭지가 돌기 일보 직전까지 간 것이다.

"선생님! 그럴 거면 임대료는 왜 받으세요? 머리에 아예 이고 계세요. 보증금에서 한 푼이라도 빼면 이 오피스텔 제가 폭파시킬 거니까, 알아서 하세요. 세를 줬으면 모든 게 일상 마모가 생길 수밖에 없고 새로운 임차인이 들어오면 리모델링까지는 아니더라도 최소한 깨끗하게 사용할 수 있도록 보수해주실 건 해주시고 월세를 받으시는 게 맞는 거지. 그냥 써도 된다고 해놓고 수리비 요구를 하시는 거예요? 민법상 이런 사례가 있으면 객관적인 서류 놓고 말씀하세요!"

상식에서 벗어나는 언행과 마주할라치면 여지없이 나의 진상이 발동한다. 결국 주인한테 보증금은 다 받을 수 있었다.

이사할 때 반드시 계약 사항에 '생활 마모나 오염, 일상 스크레치는 원상복구에서 제외한다'는 문구를 기재하고 사진을 남겨놔야 한다. 그리고 살다가 나의 실수가 아닌 다른 원인에 의해 문제가 생기면 즉각 주인한테 문자로 알려야 한다. 그래야 나중에 주인이 비상식적으로 나오지 않는다.

또 한번은 건물을 매입하기 전 사무실 임대계약을 했다. 며칠 후 잔금을 치르고 출근 첫날 확인해보니 전등 네 개가 나가 있었다. 관리사무소에 얘기했더니 알아서 교체하란다. 한 번도 전등을 교체해본 적 없는 내가 어떻게 고치라고! 너무 당황스러웠다. 냅다 주인한테 전화했다. 그런데 웬걸. "소모품은 임차인이 당연히 고쳐서 쓰는 거지,

이런 비용까지 내가 왜 다 해줘야 하죠?" 하고 화를 내는 게 아닌가. 또다시 정선미의 진상이 살짝 발동했다.

"주인 선생님! 맞는 말씀인데, 6개월 사용하다 전기가 나간 것도 아니고, 임대를 놓으실 때는 가장 기본이 되는 불과 물이 이상 없이 해놓는 게 상식 아닌가요? 사용할 수 있게끔 해놓으셔야 하는 거예요. 첫날부터 사용에 문제가 생겼으니까, 이거는 해주시는 게 맞아요!"

결국 주인은 수리비를 납부해줬다.

상식적이지 않은 못된 주인 길들이기는 불의만 참지 않는다면 어렵지 않다. 그냥 상식적으로 대화하고 납득시키면 된다. 그럼에도 계속 비상식적인 갑질 주인이라면, 폭파해도 괜찮다고 생각한다!

돈보다 더 귀한, 사람

부자를 꿈꾸지만 부동산은 처음인 당신에게

부를 축적하는 데 없어서는 안 될 존재가 사람이다. 인간관계의 중요성은 백번을 강조해도 지나치지 않다. 좋은 인간관계를 유지하려면 소통을 잘해야 한다. 어떻게 소통하느냐에 따라 관계의 질이 달라진다.

인간이라면 누구나 자아실현과 행복을 갈망한다. 돈은 그것을 위한 수단일 뿐이다. 그러니 주객이 전도되어선 안 된다. 자아실현과 더불어 행복을 누리려면 돈도 중요하지만 감정적 충족과 인간적 삶의 조건이 더 중요한데, 그 중심에 인간관계가 있다.

사람이 먼저다. 나에게도 이는 신념이다. 나는 연을 맺은 사람들을 절대 허투루 대하지 않는다. 내가 좋아하는 사람들이기에 그들 또한 나를 좋아한다고 자부한다.

　우리 시행사 프리랜서 직원들은 직업 특성상 한 현장의 프로젝트가 끝나면 다음 프로젝트를 위해 또 다른 현장으로 가야 하기에 매 순간 나와 함께할 수 없다. 말 그대로 협업하는 프리랜서들인데, 정직원 못지않게 나와의 관계는 끈끈하다.

　그들은 뜬금없이 깜짝 방문을 하곤 하는데, 그럴 때마다 얼마나 기분 좋고 감사한지 모른다. 아, 물론 내가 좋아하는 강냉이와 맥주, 커피를 잔뜩 싸 들고 와서 그런 건 아니다. 바쁜 와중에 유쾌한 얼굴로 나를 찾아주는 그 마음 씀씀이가 어찌 고맙지 않을 수 있을까.

　튀르키예에서 대형 광고판 설치 사업을 하던 분이 있다. 그런데 코로나19 사태가 터지면서 큰 타격을 입었다. 튀르키예 화폐 가치도 무섭게 떨어져서, 결국 그는 사업을 접고 30년 만에 귀국했다. 그때 거주할 집을 구하면서 나와의 인연이 시작되었다. 부동산 시장의 흐름, 지역별 특징, 투자 성향, 부동산 매물 분석법 등을 배우며, 꿈에도 상상하지 못한 제2의 인생을 시작하게 되었다.

　나에게 6개월가량 배운 시행일을 그만두고, 지금은 분양아파트에 에어컨 납품 대리점을 운영하고 있다. 그는 재건축·재개발 조합장, 건설사 등을 찾아다니며 정말 열심히 일하고 있다. 그는 나를 만나러 올 때마다 "친정집에 오는 기분"이란다. 남자분인데 말이다. 내가 잘 살고 있는 방증 같아 뿌듯하고 행복할 따름이다.

한 번 맺은 인간관계는 돈보다 귀히 여겨야 한다. 거듭 말하지만 돈은 인생을 잘 살아가는 데 도구여야 한다. 인생을 잘 살아온 이들은 돈을 선한 영향력을 펼치는 수단으로 사용한다. 반면 그렇지 못한 이들은 돈을, 사람을 이용하는 이기적 수단으로 사용한다. 사람을 돈보다 더 귀하게 대하려면 조직문화, 리더십, 성장 기회, 워라밸(일과 삶의 균형) 등 다양한 측면에서 세심한 접근이 필요하다.

사람관리는 조직의 성공과 효율성을 좌우하는 중요한 요소다. 항상 사람들에게 동기부여와 긍정적인 에너지를 불어넣고, 창의성을 촉진할 수 있도록 폭넓게 의견을 경청해야 한다. 또한 상호 존중과 협력의 문화를 조성하기 위해 꾸준히 힘써야 한다.

그 일환으로, 나는 나와 함께하는 직원들과 종종 여행을 떠나곤 한다. 여행을 통해 관계를 더 좁히고, 신뢰를 더 쌓으며, 때로는 언니 혹은 누나처럼 좀 더 친근하게 다가가려 노력한다. 나와 함께하는 한 사람 한 사람이 모두 너무나 소중한 존재니까.

돈보다 더 중요한 존재가 사람임을 명심해야 한다. 항상 모든 관계에서 호감을 얻기 위해 노력해보자. 마음을 얻고 어디서든 환영받는 사람이 된다면 돈은 자연스럽게 따라오게 마련이다.

화려한 언변, 말 기술 따위보다 진심이 전해질 때 훨씬 멋진 인간관계가 결속된다. 어떤 조직에 속해 있다는 건 수많은 이와 함께 어울리고 있다는 뜻이다. 나 역시 그들과 다르지 않다는 사실에서 늘 안정감을 느끼며, 뒤처져 있다는 생각은 버려야 한다.

부동산을 통해 조직을 배우면, 큰 조직에서 일하는 것 못지않게 수익을 올릴 수 있을 뿐 아니라 소속감도 단단해지고 자존감도 높아진다. 좋은 대학을 나오지 않아도 되고, 외모가 출중하지 않아도 된다. 그래서 나는 부동산을 적극적으로 공략하길 권한다.

수많은 투자자, 부자와 교류하다 보면 성취감과 더불어 성공의 길이 보인다. 물론 그들과 어울리려면 남들과 다른 시각과 신념 그리고 강한 의지가 필요하다.

내가 성공하면 사람들은 나와의 만남을 소중히 여기고, 자연스럽게 네트워크가 굳건해질 것이다. 진정한 부자의 길에 들어서고 싶다면 나 자신에게 끊임없이 집중하면서 주변 사람들 하나하나, 그 인맥 관리를 정성껏 해야 한다. 이것이 부자로 가는 확실한 지름길이다.

ⓒ 김판국

부자를 꿈꾸지만 부동산은 처음인 당신에게

PART **4**

재개발·재건축 투자전략

01
대출받을 때 알아둬야 할 것들

 부자로 살겠다고 마음먹었다면, 대출은 한 번쯤 경험하게 될 것이다. 대출도 그냥 받는 게 아니다. 아는 만큼 보인다고 대출받을 때 알아두면 좋은 것들을 알아보자.

1. LTV

 LTV(Loan to value ratio)는 주택을 담보로 돈을 빌릴 때 인정되는 자산 가치의 비율을 말한다. 우리나라는 2009년 9월에 부동산 정책을 세우면서 도입하였고 부동산 가격의 미시정책으로 활용되고 있다. 여기에서 담보 가치는 국세청 기준시가, 한국감정원에서 산정한 가격, KB 부동산시세의 거래가를 기준으로 선택하여 적용한다.
 시중 은행에서는 통상 KB 부동산시세를 기준으로 탁상감정을 평가하여 주택담보대출을 적용한다. 나라에서 무분별한 대출 규제를 위해 한도를 정해놓은 것이라고 이해하면 된다. 다만, 투기지역, 투기과열지구, 조정대상지역, 그 외 지역에 따라서 비율이 다르고 이는 정부의 부동산 규제 카드로 LTV가 달라질 수 있다.

몇 년 전에 가계 부채 증가 억제 및 부동산 경기 조절 등 거시건전성 정책 수단으로 활용되고 있으며, 금융기관별, 지역별로 세분화하여 차등 적용되고 있으나 부동산 규제가 강할 때는 일괄적인 금융감독원의 지침에 따라 모든 은행이 동일한 대출 한도 내로 대출승인이 이루어진다.

$$LTV = 대출\ 가능\ 금액 / 주택담보\ 가치 \times 100$$

여기서 대출 가능 금액에서 주택담보대출 + 선순위채권 + 임차보증금 + 최우선변제 소액임차보증금 + 방 개수당 (1천만~2천만 원) 빼고 대출금액이 산정되기 때문에 실제 계산한 금액보다 낮게 나올 수도 있다. 예를 들어 주택담보비율 LTV가 60%인 경우 5억 원 주택을 담보로 돈을 빌리고자 하면 5억의 60%인 3억 원이 되는데, 일반적인 아파트의 경우는 특별한 경우를 제외하고는 대출이 승인되나 일반 단독주택이나 다가구의 경우는 임차보증금과 방 개수, 최우선 변제금 등을 제외하고 나머지 금액이 대출 가능 금액이 된다.

$$예시)\ 60\% = 3억\ 원 / 5억\ 원 \times 100$$

이는 신규 주택구매 용도인지, 생활안정자금 용도인지, 기존에 대출 없이 살고 있다가 대출을 받아야 하는 상황인지에 따라 금액이 달라질 수 있다. 그리고 보유 주택 수와 생애 최초인지, 무주택자 조건에 따라서도 LTV는 달라질 수 있다.

2. DTI

DTI(Debt to income)는 총수입 대비 총부채 비율이라고 한다. 즉, 총소득에서 부채의 연간 원리금 상환액이 차지하는 비율이라는 뜻이다. 채무자의 원리금 상환능력을 고려하여 주택담보대출 한도를 조정하고 설정하기 위해 도입된 규제 비율이다.

이 규제는 정부가 부동산 시장의 과열을 막기 위해 도입했고 LTV 규제 강화의 후속 조치로 2005년 8월 도입한 이후 투기지역만 40%로 적용되었던 것이 2009년 9월 7일부터 투기지역이 아닌 조정지역까지도 확대 적용되었다.

채무자의 소득수준과 관계없이 주택 가격에 비례하여 대출 한도가 결정되는 LTV 규제의 문제점을 보완하고자 하는 제도라고 생각하면 된다. 그만큼 과다한 대출을 막기 위한 가계대출의 위험도를 낮추고자 하는 또 하나의 규제라고 보면 된다. 그리고 부동산 대출 시 LTV랑 DTI 중 적게 나온 금액을 반영해서 대출 가능 금액을 산출하게 된다.

$$DTI = [총부채 \div 총수입(총연소득)] \times 100$$

총부채는 신규 주택담보대출의 연간 원리금 상환액 + 금융대출금(신용카드대출 + 마이너스대출 등등) + 보증보험가입금액 + 자동차 할부금 + 학자금+ 기타 타 대출을 포함한다. 단, 포함되지 않는 제외 대출은 서민금융 상품, 300만 원 이하 소액신용 대출, 전세자금 대출, 중도금 대출 등이 있다. 예를 들어 총부채 상환비율이 40%이고 연소득이 1억 원이며, 다른 대출이 없다고 가정했을 때 4천만 원이라는 금액이 나온다.

$$40\% = 4천만 원 / 1억 원 \times 100$$

3. DSR

DSR(Det service ratio)은 총부채 원리금 상환비율이라고 한다. 즉, 대출을 얼마나 더 상환할 수 있는지를 확인하여 현재 대출 원리금이 과한 것인지 아직 상환능력이 되는지 한 번 더 면밀하게 평가하는 규제이기 때문에 DTI보다는 더 엄격한 제도라고 보면 된다.

금융권에서는 주택담보대출을 신청한 차주를 심사할 때, 신규 주택담보대출의 원리금만을 연소득과 따져 DTI를 계산했지만, 2018년부터는 기존에 받은 주택담보대출의 원리금과 모든 대출을 포함하여 계산하고 있다. 이는 다주택자의 추가 주택 구입을 제한하고 급속히 늘어가는 가계 부채의 총량을 조절하기 위함이다. 어떻게 보면 DTI와 DSR이 비슷하다고 생각할 수 있는데 사실상 큰 틀은 비슷하다. 결론적으로 대출 가능 금액을 산출하는 데 적용되는 원리금 상환 능력으로 평가되기 때문에 실제 해당 부동산 물건의 담보 가치가 높아도 대출이 나오지 않는 경우도 있다. 그 점에서 많은 차이가 있다.

DTI는 소득대비 얼마나 상환할 수 있는지를 따져서 해당 주택담보대출 원리금과 다른 총대출 원리금과 기타 대출이자를 합하여 연소득으로 나눠서 나온 금액을 평가하지만, DSR은 대출 원리금 상환액이 신규대출 시 차지하는 비율을 계산하여 담보 가능 대출을 산출한다. 따라서 주택담보대출 원리금과 다른 총대출 원리금과 기타 대출 원리금을 합하여 연소득으로 나눠서 나온 금액을 한다. 우리 입장에서 볼 때 대출 기간이 길고, 금리가 내려갈수록 한도는 올라간다.

현재 DSR은 1억 이상 돈을 빌릴 때 원리금 상환액이 40%를 넘지 못하게 하는 규제를 두고 있다. 2금융권은 50% 적용한다. 1억 이상 해당 부동산 물건의 신규 대출을 받는다고 가정했을 때 1년 원리금 상환액이 4천만 원을 넘지 않아야 한다는 것이다.

예컨대 현재 무주택자 A가 연소득 5천만 원, 기타 부채는 없다고 가정했을 때 연 4% 금리로 4억 담보대출을 30년 동안 원리금 균등상환한다면 연간 원리금 상환금은 2,291만 원이다.

2,291만 원 / 5천만 원 × 100 = DSR 45.83%가 나온다.

그럼 DSR 40%가 초과하여 4억 모두 빌릴 수 없다. 따라서 대출 가능 금액은 3억 4,500만 원으로 줄여서 받을 수 있다. (DSR 39.52%) 4억을 모두 빌리고 싶다면 분모값인 연소득을 높이든지 또는 분자값인 원리금 상환액이 적어야 한다. 그렇다면 원리금 상환액을 줄이려면 어떻게 해야 할까? 금리가 낮은 대출을 이용하거나 만기를 30년 이상으로 늘려야 한다.

4. 스트레스 DSR

스트레스 DSR은 DSR을 산정할 때 일정 수준의 가산금리(스트레스)를 부과하여 차주의 대출 한도를 줄이는 데 목적을 둔 제도다.

만약 주택담보대출을 변동금리로 받았다면 갑작스러운 금리 상승으로 인해 원리금 상환 부담이 급증할 수 있으므로 2024년 2월 26일부터 스트레스 DSR을 시행한다고 금융위에서 발표했다. 금리는 과거 5년 내 가장 높았던 수준의 가계대출 금리와 현시점(매년 6월, 12월 기준) 금리를 비교해 결정하는데, 다만 하한(1.5%)과 상한 (3%)을 둔다.

이것은 2024년 초 은행권 주택담보대출을 시작으로 전 은행권, 전체 대출로 확대할 예정으로 이에 따라 대출 한도를 최대 16%까지 단계적으로 축소한다. 스트레스 금리가 적용되면 상환금이 늘어나거나 금리가 더 가산되는 것이 아니다. 대출 만기 대비 고정금리 기간이 차지하는 비중 또는 금리변동주기 비중이 높을수록 완화되어 적용하는 제도이기 때문에 크게 걱정할 필요는 없다.

예를 들어 연봉 7천만 원 소득자가 30년 원리금 균등상환으로 5억 원을 4.68% 금리로 주택담보대출을 받으려 하는 경우, DSR은 44.35%로 대출을 받을 수 없게 된다. 따라서 대출 가능 금액을 동일한 조건에서 4억 7천만 원으로 낮추게 되면 DSR은 39.87%로 가능해지게 되며, 동일한 조건으로 스트레스 DSR을 적용하면 DSR 39.92%로 대출 가능 금액은 4억 5천만 원으로 낮춰야 하는 결과가 나온다. 2천만 원의 차이가 나는 것이다. 실제 금리에 스트레스 금리를 더하니 대출 한도 산정 시 원리금 상환액이 많아져 대출 한도는 줄어들게 되는 것이다. 실제 부담하는 금리는 증가하지 않는데 말이다.

정부 시뮬레이션 자료에 보면 대출 한도는 2024년 상반기 스트레스 금리의 25% 적용으로 대출금액이 약 2~4% 감소될 것으로 예상했고, 하반기에는 스트레스 금리의 50% 적용으로 대출금액이 3~9% 감소 될 것으로 예상했다. 금융위 자료를 보면 연소득 1억인 경우 기존 대출 가능 금액이 6억 5천8백만 원이었으나 2024년 상반기 6억 천만 원으로 2천8백만 원 감소, 2024년 하반기 6억 4백만 원으로 5천4백만 원 감소, 2025년 이후는 5억 5천6백만 원으로 1억 200만 원 감소한다.

2025년부터는 스트레스 금리가 100% 적용되기 때문에 대출 한도가 최대 16% 정도 축소되기 때문이다. 따라서 대출 상환 시에나 대환대출을 받을 생각이라면 신중할 필요가 있다. 대출을 한 번 상환해버리면 이전에 대출받았던 한도가 안 나올 수 있기 때문이다. 무턱대고

금리 싼 곳으로 대환을 생각했다가 낭패를 볼 수도 있다.

그래서 대출을 받을 때는 똑똑하게 받아야 한다. 대출의 순서를 잘 생각하면서 말이다. DSR을 적용받는 대출을 우선 실행하고, 그다음 DSR 적용 시 포함은 될 수 있지만, DSR 상관없이 받는 대출은 이후에 실행해야 한다.

대출을 활용할 예정인데 당장 돈을 쓰지 않더라도 마이너스통장을 개설해놓는 게 좋다. DSR 제도가 생겨났을 때도 매번 고객들한테도 했던 말이다. 마통은 시중금리보다 0.5~1%대까지 높지만 사용하지 않으면 이자가 발생되지 않기 때문에 우선 자금 유동성을 만들어놓는 게 좋다는 것이다. 정작 필요할 때 대출을 못 받는 시기가 곧 올 수도 있기 때문이다. 또 하나 중요한 건 신용대출의 경우 차주의 대출 잔액이 1억을 초과 시에만 적용받으므로 신용대출 금액을 1억 미만으로 조정하는 것도 방법이다.

결론적으로 부동산은 자기 돈으로 사는 경우가 극히 드물고 대출은 필수적인데 대출 한도를 감소시켜서 대출금액을 줄이게 되면 가용금액을 많이 확보한 사람이 좋은 부동산 물건을 선점하게 되는 것이다.

5. RTI

RTI(Rent to interest)는 연간 임대소득 대비 연간 임대 사업 관련 대출이자 상환액의 비율을 말한다. 임대사업자가 임대소득, 즉 월세로 임대 사업과 관련된 대출에 대한 금융비용을 충당할 수 있는지를 평가하는 지표다. 임대사업자가 아니라면 다소 생소할 용어일 수 있다.

2018년도 3월부터 본격적으로 시행한 제도이고 임대사업자들의 부채 증가율이 계속 커지면서 위험하다고 판단하여 기존 개인 사업자 대출 한도보다 낮게 책정하기 위해 도입했다. 이 제도도 수익형 부동산의 막무가내 대출을 규제하기 위해 만들어진 것이다. 다른 사업소득이나 근로소득이 있어도 임대소득만을 가지고 RTI를 계산하기 때문에 이 기준에 충족하지 못하면 대출 진행은 어렵다고 보면 된다.

현재 RTI 기준은 1.25~1.5 이상이 돼야 대출이 가능하고 주거용 부동산임대라면 1.25, 비주거용 부동산임대라면 1.5를 충족해야 한다.

RTI = (상가(주택)담보 가치 × 임대수익률) / (대출금 × 이자율) = 임대소득 / 대출이자

예를 들어 4억짜리 상가를 매입하려는데 2억 상가 담보대출을 금리 4%로, 20년 동안 원리금 균등상환으로 받으려고 할 때 상가 임대소득이 연 1,500만 원이 발생된다고 가정한다면 원리금 상환금액이 7,816,667원이기 때문에 RTI는 1,500만 / 7,816,667 = 1.918이 나온다. 즉, RTI 1.5 이상이므로 대출이 가능하다.

예를 들어 상가 보증금 3천에 연수익이 3천만 원이고 대출금리가 5%라고 가정한다면, 대출이 최대 어느 정도 나올 수 있을까?

RTI = 3천만 원 / 연간 총대출이자(X) 〉 1.5가 되어야 가능하므로

X값은 2천만 원이 나온다.

최대 대출 가능 금액(X) × 5% = 2천만 원이기 때문에 X값은 4억이라는 금액이 나온다. 금리가 높을수록, 임대수익이 적을수록 RTI값은 작아지기 때문에 대출 가능 금액이 적어질 수밖에 없다.

그럼 공실인 경우는 어떨까? RTI = 0이기 때문에 대출이 안 나올까? 결론은 아니다. 그러면 신축 상가는 대출받아서 잔금을 어떻게 치를 수 있겠는가? 대출을 실행하려면 감정평가를 받게 되는데 주변 임대상황과 거래 시세를 반영하여 대출승인을 하므로 일반적인 100% 적용한 대출이 아니라 70%만 인정하기 때문에 대출금액은 낮을 수 있다.

그 때문에 금융사마다 상가의 담보 가치를 다르게 평가해서 여러 은행에 문의를 해보는 것이 필요하다. 더 큰 금액이 필요한 사람은 사업자를 만들고 사업자 대출을 받은 후 임대를 맞추고 임대사업자 자격으로 RTI를 적용해 대환하는 경우도 있다. 이런 경우는 기존 사업자를 계속 유지해야 하기에 먼저 폐업하게 되면 대환대출 실행이 어려울 수 있으니 참고해야 한다.

참고로 법인의 경우는 RTI 규제를 적용하지 않고 법인재무제표와 대표의 신용 등으로 평가하기 때문에 신규 법인일 때 매출이나 잉여가 없으면 대출이 어렵다. 따라서 빌딩을 매입하는 개인보다는 법인으로 투자해놓는 경우가 많으므로 매입하기 전에 법인대출 자격 요건을 충분히 검토하여 매입하는 것이 좋다.

부동산 정책의 영향으로 투기지역, 투기과열지구 안에 주택임대업 개인 사업자 대출 RTI 기준을 1.25에서 1.5 이상으로 2019년도에 상향 조정했다. 주택임대사업자는 대출을 더 강화하여 적용하기 때문에 부동산 규제가 많고 복잡할 때는 대출금액 한도가 많이 낮아진다.

여기서 주의할 점은 일반적으로 개인 사업자 대출과 RTI(임대사업자 대출)는 완전히 다른 대출 방식이기 때문에 혼동하지 않도록 하자. 개인 사업자 대출은 가계대출의 일종이고 RTI는 기업대출의 일종이다. 꼬마 빌딩이나 건물의 매입 시 RTI 기준이 중요한데 대출 가능 금액을 먼저 파악해보고, 결정하면 대출금액이 나오지 않아서 당황하지 않을 수 있으니, 여러 은행에 문의하여 금리, 대출금액을 잘 따져봐야 한다.

대출 가능 금액 =

(탁상감정가 − 담보인정비율) − 선순위 금액(임차보증금)

임차보증금과 소액임차보증금 중 큰 것을 선택하여 차감되는데, 여기서 담보인정비율은 지역별로, 용도에 변경, 멸실 등 시점에 따라 다르게 된다. 그리고 개인이 건물을 매입할 경우 수도권은 임대수익률(평균 2%대)이 좋지 않기 때문에 그 한도 대출에 많이 걸린다. 이런 경우 개인보다는 법인으로 투자하는 것도 하나의 좋은 방법이다.

6. 정책자금

정책자금은 정부의 재원으로 중소기업이나 개인을 지원하여 고용 창출을 통한 국민 삶의 질을 높이기 위해, 담보력의 부족으로 자금조달이 어려운 기업과 개인에게 은행이나 민간금융기관을 통하여 저금리로 지원하는 자금을 말한다.

정부 중앙부처와 지방단체, 기술보증기금과 신용보증기금, 신용보증재단 등의 공공기관에서는 다양한 정책자금을 운용하고 있다. 정책자금은 창업하여 자생력을 마련할 때까지의 창업 및 운전자금, 시설을 마련하기 위한 시설자금, 공장을 구입하기 위한 공장 매입 자금 등으로 크게 분류할 수 있다.

융자 출연, 보조, 보증, 출자 등의 방식으로 지원하고 있으며, 그 종류 또한 300여 가지가 넘는다. 은행이나 금융권에서 대출받는 것보다 한도가 높고, 이자도 훨씬 더 저렴하며 긴 상환 기간을 보장하기에 정책자금 확보를 통한 창업자금 마련은 가장 좋은 방법 중 하나다.

1) 정책자금의 종류

세부 지원요건(2025년 정책자금)

구분	자금구분	신청요건 세부 신청요건은 반드시 공지사항을 참고하시기 바랍니다.
성장기반 자금	소공인 특화자금	(대리대출) 제조업을 영위하는 상시근로자수 10인 미만의 소상공인
	혁신성장 촉진자금	(직접대출) ① (혁신형) 수출, 2년 연속 매출 10% 이상 신장, 스마트 공장 도입, 강한소상공인·로컬크리에이터, 소상공인 졸업후보기업 ② (일반형) 스마트기술, 백년소공인·백년가게, 사회적경제기업, 신사업창업사관학교 수료생
	민간투자 계형매칭융자	(직접대출) 민간투자연계형 매칭융자 주관기관으로부터 투자금을 지원받고 '소상공인 선투자 추천서'를 발급받은 소상공인
일반경영 안정자금	일반자금	(대리대출) 업력무관 소상공인
특별경영 안정자금	긴급경영 안정자금 (재해피해)	(대리대출) 재해 피해를 입고, 지자체에서 '재해중소기업 (소상공인) 확인증'을 발급받은 소상공인
	긴급경영 안정자금 (일시적 경영애로)	(대리대출) 지역경제 위기가 우려되는 지역 또는 감염병 등으로 영업에 피해를 입은 소상공인 (직접대출) 연매출 1억 4백만 원 미만이고 업력 7년 미만이면서 일시적경영애로 사유가 있는 소상공인
	장애인기업 지원자금	(대리대출) 장애인복지카드(국가유공자카드(또는 증서)) 또는 장애인기업 확인서를 소지한 장애 소상공인
	신용취약 소상공인자금	(직접대출) 소상공인 지식배움터(http://edu.sbiz.or.kr) 내 신용관리 교육을 사전에 이수한 중·저신용(NCB 839점 이하) 소상공인

구분	자금구분	신청요건 세부 신청요건은 반드시 공지사항을 참고하시기 바랍니다.
특별경영 안정자금	재도전 특별자금	(직접대출) ① (재창업 준비단계) 최근 1년 이내 소상공인희망리턴패키지사업의 재창업교육을 수료한 소상공인 ② (재창업 초기단계) 재창업 업력 7년 미만으로 공단에서 요구하는 조건을 모두 충족하는 소상공인 ③ (재창업 초기단계) 3개월 이상 휴업 후 영업 재개, 업종전환 또는 매출감소로 인해 사업장을 이전한 소상공인 ④ (채무조정) '채무해소 재기지원종합패키지 참여기관'에서 인정한 성실상환소상공인 등 ⑤ (희망형) 최근 1년 이내 소상공인희망리턴패키지사업의 사업화 자금을 지원받거나 24년 이커머스 미정산 피해관련 특별자금을 지원받은 소상공인
	청년고용 연계자금	(대리대출) ① 업력 3년 미만의 청년 소상공인(만 39세 이하) ② 상시근로자 중 과반수 이상 청년근로자(만 39세 이하)를 고용 중이거나 최근 1년 이내 청년근로자 1인 이상 고용한 소상공인
	대환대출	(대리대출) 중·저신용 소상공인이 보유한 은행권·비은행권 사업자대출 중, 고금리 대출 또는 만기연장에 애로가 있는 대출
상생성장 지원자금	상생성장지원자금	① (상생형) 공단과 「25년 상생성장지원자금 상생협약」을 체결한 플랫폼 기업에서 추천받은 유망 소상공인 ② (TOPS형) 한국중소벤처기업유통원 주관 25년 TOPS 프로그램 2단계(플랫폼 판매촉진)에 선정된 소상공인

※ 각 자금별 접수 순서대로 처리, 한도 소진 시 마감

2) 자금별 대출금리

2025년 자금별 대출금리(매분기별로 변동)

구분	자금구분	기준금리	가산금리	금리
직접대출	혁신성장촉진자금	2.68%	+0.4%P	연3.08%
	민간투자연계형매칭융자	2.68%	+0.4%P	연3.08%
	신용취약소상공인자금	2.68%	+1.6%P	연4.28%
	긴급경영안정자금(일시적 경영애로)	2.68%	+0.0%P	연2.68%
	재도전특별자금(일반형)	2.68%	+1.6%P	연4.28%
	재도전특별자금(희망형)	2.68%	+0.6%P	연3.28%
	상생성장지원자금	2.68%	+0.2%P	연2.88%
대리대출	소공인특화자금	2.68%	+0.6%P	연3.28%
	일반자금	2.68%	+0.6%P	연3.28%
	긴급경영안정자금(재해피해)	고정금리		연2.00%
	긴급경영안정자금(일시적 경영애로)	2.68%	+0.0%P	연2.68%
	장애인기업지원자금	고정금리		연2.00%
	청년고용연계자금	2.68%	+0.0%P	연2.68%
	대환대출	고정금리		연4.50%

※ 25년 3/4분기 정책자금 금리(25. 7. 10.부터 적용)

3) 정책자금의 유형

① 창업자금: 신규로 사업자를 발급받아 창업자들을 위한 자금으로 초기 자본금으로 필요한 창업에 필요한 인프라를 구축하는 데 활용할 수 있다.

② 시설자금: 공장건축, 토지구입, 생산설비나 자재구매 등에 필요

한 자금이며 보통 자금 규모가 크고 장기대출 형태로 받는 경우가 많다.

③ 운전자금: 원재료구매, 인건비, 마케팅, 영업활동비용 등에 활용되는 자금으로 일반적으로 단기 대출로 활용하고 상환 기간이 짧은 편이다.

4) 신청 방법

중소기업진흥공단 홈페이지나 소상공인은 소상공인시장진흥공단 등에 온라인으로 신청하면 된다. 오프라인으로 신청할 경우 지역별 중소기업진흥공단 지사를 방문하거나 각 시, 도에 운영하는 전담부서를 통해 방문하여 신청하면 된다.

자세한 내용은 소상공인 정책자금(https://ols.semas.or.kr/) 또는 소상공인시장진흥공단(https://www.semas.or.kr/)에 찾아보면 된다. 또는 네이버에 정책자금으로 검색하면 자신에게 맞는 조건의 정책자금을 찾을 수 있을 것이다.

5) 대출 Q&A

Q 소득이 없는 사람은 DTI 때문에 대출을 받을 수 없나요?

A 결론적으로 말하면 받을 수 있다. 소득이 없을 시에 소득을 추정하는 서류를 제출하여 대출을 받을 수 있는데 대표적으로는 신용카드 사용액, 건강보험료, 국민연금 납부액 등으로 추정할 수 있다. 그리고 배당소득, 임대소득으로도 증빙할 수 있다.

Q 시중 은행별 금리 비교는 어디서 할 수 있나요?
A 은행연합회 시중 포털 사이트(www.potal.kfb.or.kr)에서 확인할 수 있다.

Q 대출금리는 어떻게 결정하게 되나요?
A 대출금리는 통상 기준금리에 가산금리를 더하고 우대 금리를 차감하여 결정한다. 금융회사별로 기준금리를 별도로 적용하는데 보통 3개월 만기인 양도성예금증서(CD금리) 수익률 그리고 9개 은행의 자금조달 가중 평균 금리인 COFIX가 많이 적용된다. 기본금리는 대출고객 적용금리 산출을 위한 기준이 되는 금리로 실제 적용금리는 가산금리 및 우대금리가 가감되어 적용된다.

대출금리 = 기준금리 + 가산금리 - 우대금리

다만, 대출 상품에 따라 우대금리 폭이 다르거나 없을 수도 있으며 이는 고객별 신용 상황, 대출조건, 은행거래 등에 따라 달라질 수 있다. 가산금리는 고객별로 다르게 적용된다. 가산금리는 고객의 신용도, 담보 여부, 대출 기간, 거래실적 등 개인적인 요소와 금융회사의 영업비용 등에 의해서 결정되는데 은행에서 개별 고객에게 적용하는 추가적인 금리다. 따라서 은행마다 차이가 있으므로 여러 은행을 비교하여 대출을 받아야 한다.

재개발, 어렵지만 알아둬야 할 것들

재개발사업은 도시 및 주거 환경정비법에 의해 실시하게 되는데, 이 법의 제정 목적은 첫째, 도시 기능의 회복이 필요하거나 둘째, 주거환경이 불량한 지역을 계획적으로 정비하고 셋째, 노후·불량건축물을 효율적으로 개량하기 위해 필요한 사항을 규정함으로써 도시환경을 개선하고 주거생활의 질을 높이는 데 이바지함을 목적으로 한다.

도시 및 주거환경 정비법에서 사용하는 용어는 다음과 같다.

• 정비구역
정비사업을 계획적으로 시행하기 위하여 지정·고시된 구역

• 정비사업
도시기능을 회복하기 위해 정비구역에서 정비기반시설을 정비하거

나 주택 등 건축물을 개량 또는 건설하는 사업
① 주거환경개선사업: 도시 저소득 주민이 집단거주하는 지역으로서 정비기반시설이 극히 열악하여 노후·불량건축물이 과도하게 밀집한 지역의 주거환경을 개선하기 위하여 시행하는 사업
② 재개발사업: 정비 기반이 열악하고 노후·불량건축물이 밀집한 지역에서 주거환경을 개선하기 위해 시행하는 사업
③ 재건축사업: 정비기반시설은 양호하나 노후·불량건축물이 밀집한 지역에서 주거환경을 개선하기 위하여 시행하는 사업

• 정비기반시설
도로, 상하수도, 구거, 공원, 공용주차장, 공공 공지 등

• 노후·불량건축물
① 건축물이 훼손되거나 일부가 멸실되어 붕괴, 그 밖의 안전사고 우려가 있는 건축물
② 내진성능이 확보되지 아니한 건축물 중 중대한 기능적 결함 또는 부실 설계·시공으로 구조적 결함 등이 있는 건축물
③ 주변 토지 이용 상황에 비추어 주거환경이 불량한 곳에 위치할 것
④ 건축물을 철거하고 새로운 건축물을 건설하는 경우 건설에 드는 비용과 비교하여 효용의 현저한 증가가 예상될 것

1. 정비구역의 지정을 하려면 도시·주거환경정비 기본 방침 및 기본 계획을 수립해야 한다.

• 기본 방침

국토부장관은 도시 및 주거환경을 개선하기 위해 10년마다 다음의 사항을 포함한 기본 방침을 수립하고, 5년마다 그 타당성을 검토하여 그 결과를 기본 방침에 반영하여야 한다.

① 도시 및 주거환경정비를 위한 국가정책 방향
② 도시·주거환경정비 기본계획의 수립 방향
③ 노후·불량주거지 조사 및 개선계획의 수립
④ 도시 및 주거환경 개선에 필요한 재정지원 계획
⑤ 그밖에 도시 및 주거환경 개선을 위하여 필요한 사항으로서 대통령령으로 정하는 사항

• 기본 계획

특별시장, 광역시장, 특별자치시장, 특별자치도지사 또는 시장이 10년마다 다음의 사항을 포함한 기본 계획을 수립하고, 5년마다 그 타당성을 검토하며 국토부장관이 이를 정한다.

① 정비 사업의 기본 방향
② 정비 사업의 계획기간
③ 건폐율, 용적율 등에 관한 건축물의 밀도 계획
④ 세입자에 대한 주거안정대책

⑤ 녹지, 조경, 에너지공급, 폐기물처리 등에 관한 환경 계획
⑥ 주거지 관리계획
⑦ 사회복지시설 및 주민문화시설 등의 설치 계획

• 기본계획 수립 또는 변경하고자 할 때
수립권자가(특별시장, 광역시장, 특별자치시장, 특별자치도지사 또는 시장) 14일 이상 주민에게 공람하고 주민과 지방의회에 60일 이내 의견 청취를 하고 지방도시계획위원회의 심의를 거쳐 고시하여야 한다.

2. 이 절차가 끝나면 정비계획의 수립 및 정비구역의 지정을 할 수 있다.

• 수립 대상지역
도시·주거환경정비 기본계획에 적합한 범위에서 노후·불량건축물이 밀집하는 구역에 해하여 시장, 군수, 자치구청장은 정비계획을 수립한다.
주택재개발 사업은 노후불량건축물의 수가 전체 건축물 수의 2/3(시·도 조례로 비율의 10% 범위에서 증감할 수 있다) 이상인 지역을 대상으로 한다.
① 정비기반시설의 정비에 따라 토지가 대지로서의 효용을 다 할 수 없게 되거나 과소토지로 되어 도시의 환경이 현저히 불량하게 될

우려가 있는 지역이 대상이 될 수 있다.
② 노후·불량건축물의 연면적의 합계가 전체 건축물의 연면적 합계의 2/3(시·도 조례로 비율의 10% 범위에서 증감할 수 있다) 이상이거나 건축물이 과도하게 밀집되어 있어 그 구역 안 토지의 합리적인 이용과 가치의 증진을 도모하기 곤란한 지역이 대상이 될 수 있다.

• 정비계획 수립 및 정비구역의 지정 신청
자치구의 구청장 또는 광역시의 군수는 정비계획을 수립하여 이를 주민에게 서면으로 통보한 후 주민설명회를 하고 30일 이상 주민에게 공람하며 지방의회의 의견 청취 후 이를 첨부하여 특별시장, 광역시장에게 정비구역 지정을 신청하여야 한다.

• 정비계획의 입안 제안
제안 사유: 토지 등 소유자는 다음에 해당하는 경우 특별자치시장, 특별자치도장, 시, 군 또는 구청장에게 정비 계획의 입안을 제안할 수 있다.
① 단계별 정비사업추진 계획상 정비계획의 수립 시기가 1년 이상 경과했음에도 정비계획이 수립되지 아니한 경우
② 토지 등 소유자가 주택공사 등을 사업시행자로 요청하고자 하는 경우
③ 대도시가 아닌 시 또는 군으로서 시, 도 조례로 정하는 경우
④ 정비사업을 통하여 기업형임대주택을 공급하거나, 임대할 목적으

로 주택을 주택 임대관리업자에게 위탁하려는 경우
⑤ 천재지변, 재난 방지를 위한 사용제한, 사용금지, 그 밖의 불가피한 사유로 인하여 긴급히 정비사업을 시행할 필요가 있다고 인정되어 정비사업을 시행하려는 경우

3. 정비구역을 지정한다.

• 정비구역의 지정절차
시장, 군수 등이 정비구역을 지정하며, 공보에 고시하고 국토부장관에게 그 내용을 보고하며 관계 서류를 일반인이 열람할 수 있도록 한다.

• 정비구역 지정·고시의 의미와 효과
지구단위계획 및 지구 단위계획구역으로 결정, 고시된 것으로 본다. 이때 '국토의 계획 및 이용에 관한 법률'상 개발행위에 대한 제한이 시작되기 때문에 이때부터 사적인 건축행위가 제한을 받는다(건물의 건축, 공작물의 설치, 토지의 형질변경, 토석의 채취, 토지분할, 물건을 쌓아놓는 행위 등).

• 정비구역 해제
① 직권에 의한 해제
○ 정비사업의 시행에 따른 토지 등 소유자의 과도한 부담이 예상되는

경우
○ 정비예정구역 또는 정비구역의 추진 상황으로 보아 지정 목적을 달성할 수 없다고 인정하는 경우
○ 토지 등 소유자의 30/100 이상이 정비구역 등(추진위원회가 구성되지 아니한 구역에 한한다)의 해제를 요청하는 경우
○ 시행자가 정비구역 안에서 정비기반시설을 새로이 설치하거나 확대하고 토지 등 소유자가 스스로 추진 상황으로 보아 지정 목적을 달성할 수 없다고 인정되는 경우로, 토지 등 소유자의 2/3 이상이 정비구역의 해제에 동의하는 경우
○ 제23조 1항 제1호에 따른 방법으로 시행 중인 주거 환경개선사업의 정비구역이 지정, 고시된 날로부터 10년 이상 지나고 추진 상황으로 보아 지정 목적을 달성할 수 없다고 인정되는 경우로, 토지 등 소유자의 과반수가 정비구역의 해제에 동의하는 경우

② 요청에 의한 해제

정비구역 등을 해제하거나 정비구역 등의 해제를 요청하는 시장, 군수 등은 정비구역 등의 해제에 관한 내용을 30일 이상 주민에게 공람하고 지방의회 의견을 청취한 후 지방도시계획위원회의 심의를 거쳐 정비구역 등을 해제한다.

③ 해제의 효과

정비구역 등이 해제된 경우에는 정비구역 지정 이전의 상태로 환원된 용도로 한다.

─────── 〈정비구역 해제 사유 요약〉 ───────

① 기본계획 + 3년 후 ▶ 정비구역지정 ×
② 재개발, 재건축의 경우
   정비구역지정고시 + 2년 ▶ 추진위원회승인신청 ×
   추진위원회 승인 + 2년 ▶ 조합인가 신청 ×
   조합인가 + 3년 ▶ 사업시행인가 ×
   지정, 고시 + 3년 ▶ 조합인가 신청 ×(추진위 구성이 없을 때)

4. 조합설립 추진위원회 구성

- 재개발 사업을 추진하기 위해서는 토지 등 소유자 과반수의 동의를 받아 조합 설립을 위한 조합 설립추진위원회를 구성해야 하며 시장, 군수의 승인을 받아야 한다.

- 추진위원회는 위원장을 포함한 5인 이상의 구성원이 필요하다.

- 추진위원회의 기능은 다음과 같다.
① 정비사업전문관리업자의 선정
② 설계자의 선정 및 변경
③ 개략적인 정비사업 시행계획서의 작성
④ 조합의 설립인가를 받기 위한 준비 업무

⑤ 조합정관의 초안 작성
⑥ 조합의 설립을 위한 창립총회 개최

• 창립총회 개최 시기는, 조합설립인가의 신청 전에 개최해야 하며 동의를 받은 후 조합 설립인가의 신청 전에 개최한다.

• 창립총회의 내용은 다음과 같다.
① 조합정관의 확정
② 조합임원의 선임
③ 대의원의 선임

5. 조합

• 조합 설립
시장, 군수, 지정 개발자 또는 주택공사 등이 아닌 자가 정비사업을 시행하고자 하는 경우에는 토지 등 소유자로 구성된 조합을 설립하여야 한다.

• 조합 설립 시 동의
① 토지 등 소유자의 3/4 이상 및 토지면적의 1/2 이상의 토지 소유자의 동의를 받아 시장, 군수 등의 인가를 받아야 한다.

② 인가 시: 정관 + 정비사업비와 관련된 자료 등 국토교통부령으로 정하는 서류 + 그 밖의 시, 도 조례로 정하는 서류

• 조합의 법적 지위
① 조합은 법인으로 한다.
② 조합설립 인가받은 날로부터 30일 이내에 주된 사무소의 소재지에 대통령이 정하는 사항을 등기함으로써 성립한다.
③ 조합 명칭에 '정비사업조합'이라는 문자를 사용해야 한다.

─────── 〈주의 사항: 토지 등 소유자의 동의자 수 산정 방법〉 ───────

① 1필지의 토지 또는 하나의 건축물에 여러 명의 공유지분일 때는 그 수인을 대표하는 1인을 토지 등 소유자로 산정한다.
② 토지에 지상권이 설정되어 있는 경우 토지의 소유자와 지상권자를 대표하는 1인을 토지 등 소유자로 산정한다.
③ 1인이 다수 필지의 토지 또는 다수 건축물을 소유하고 있을 시에는 필지나 건축물의 수와 관계없이 토지 등 소유자를 1인으로 산정한다.

6. 사업시행인가

• 사업시행자는 정비사업을 시행하고자 하는 경우에는 사업시행계획서에 정관 등과 그 밖의 국토교통부령이 정하는 서류를 첨부하여

시장, 군수에게 제출하고 사업시행인가를 받아야 한다.

- 인가 신청 시 동의요건으로, 토지 등 소유자의 3/4 이상 동의가 있어야 한다.

- 사업시행인가의 고시가 있을 때는 '공익사업을 위한 토지 등의 취득 및 보상에 관한 법률'에 따라 토지 등의 수용 또는 사용이 가능하다.

　사업시행자는 정비구역에서 정비사업을 시행하기 위하여 '공익사업을 위한 토지 등의 취득 보상에 관한 법률' 제3조에 따른 토지, 물건 또는 그 밖의 권리를 취득하거나 사용할 수 있다. 이때 중요한 점은 재개발사업이 신법 적용 대상인지, 구법 적용 대상인지(2013.12.24. 이전 조합설립 신청 시 적용)에 따라 토지수용 절차에 큰 차이가 있다는 것이다.

　재개발사업에서 보상 업무 추진 및 민원 대응을 위해서는 '조합설립 신청 시기'를 정확히 파악해야 한다. 또한 사업시행자는 그 임시수용시설에 필요한 국가, 지방자치단체 그 밖의 공공단체 또는 개인의 시설이나 토지를 일시 사용할 수 있다.

재개발사업 추진 절차

사업준비
- 기본계획 수립
- 정비계획 수립 및 정비구역 지정

사업시행계획

조합시행	조합 외 시행
추진위원회 구성 및 승인	주민대표회의 구성 및 승인 토지 등 소유자 전체회의
창립총회	
조합설립 인가	시행자 지정
시공자 선정	

- 사업시행인가
- 감리자 선정

분양 / 관리처분
- 분양공고 및 분양신청
- 관리처분계획 수립
- 관리처분계획 인가
- 이주·철거·착공

사업완료

준공인가 신청	자체 준공검사
준공인가	

- 이전고시 및 청산

정비구역의 지정을 위한 공람공고일부터 계약체결일 또는 수용재결일까지 계속하여 거주하고 있지 아니한 건축물의 소유자는 '공익사업을 위한 토지 등의 취득 및 보상에 관한 법률 시행령'에 따라 이주대책 대상자에서 제외한다. 단, 질병으로 인한 요양, 징집으로 인한 입영, 공무, 취학, 그밖에 이에 준하는 부득이한 사유로 인하여 거주하지 아니한 경우에는 그러하지 아니한다.

주거이전비 보상 대상자의 인정기준, 영업손실 보상 대상자의 인정기준 및 영업손실의 보상기준에 관하여 구체적인 사항은 국토교통부령으로 따로 정할 수 있다.

7. 분양공고 및 분양신청

- 사업시행자는 사업시행인가의 고시가 있는 날(사업시행인가 이후 시공자를 선정한 경우에는 시공자와 계약을 체결한 날)부터 120일 이내에 개략적인 부담금내역 및 분양신청기간, 그 밖의 대통령령이 정하는 사항을 토지 등 소유자에게 통지하고 분양의 대상이 되는 대지 또는 건축물의 내역 등 대통령령이 정하는 사항을 해당 지역에서 발간되는 일간신문에 공고하여야 한다.

- 분양신청기간은 그 통지한 날로부터 30일 이상 60일 이내로 한다. 단, 사업시행자는 관리처분계획의 수립에 지장이 없다고 판단하는

경우에는 분양신청기간을 20일 범위 이내에서 연장할 수 없다.

- 분양신청을 하지 아니한 자, 분양신청기간 종료 이전에 분양신청을 철회한 자, 인가된 관리처분계획에 따라 분양 대상에서 제외된 자는 관리처분계획 인가를 받은 날의 다음 날부터 90일 이내에 대통령령으로 정하는 절차에 따라 토지, 건축물 또는 그 밖의 권리에 대하여 현금으로 청산하여야 한다. 이 경우 청산금액은 사업시행자와 토지 등 소유자가 합의하여 산정하며 시장, 군수가 추천하는 감정평가업자 2인 이상이 평가한 금액을 산술평균하여 산정한 금액을 기준으로 협의할 수 있다.

  - 분양신청을 받은 후 잔여분이 있는 경우에는 정관 등 또는 사업시행계획이 정하는 목적을 위하여 보류지(건축물포함)로 정하거나 조합원 이외의 자에게 분양할 수 있다.

8. 관리처분계획

- 관리처분계획을 수립하여 시장, 군수의 인허가를 받으려면, 다음의 사항을 포함하여 인가받아야 한다.
① 분양설계
② 분양 대상자의 주소 및 성명

③ 분양 대상자별 분양 예정인 대지 또는 건축물의 추산액
④ 분양 대상자별 종전의 토지 또는 건축물의 명세 및 사업시행인가의 고시가 있은 날을 기준으로 한 가격(사업시행인가 전에 철거된 건축물의 경우에는 시장, 군수에게 허가받은 날을 기준으로 한 가격)
⑤ 정비사업비의 추산액(주택재건축사업의 경우에는 재건축초과이익 환수에 관한 법률에 따른 재건축부담금에 관한 사항을 포함) 및 그에 따른 조합원 부담 규모 및 부담 시기
⑥ 분양 대상자의 종전 토지 또는 건축물에 관한 소유권 외의 권리명세

- 관리처분계획의 인가 절차
① 공람 및 의견 청취: 사업시행자는 관리계획의 인가를 신청하기 전에 관례 서류의 사본을 30일 이상 토지 등 소유자에게 공람하게 하고 의견을 들어야 한다.
② 통보: 시장, 군수는 사업시행자의 관리처분계획의 인가신청이 있는 날로부터 30일 이내 인가 여부를 결정하여 사업시행자에게 통보하여야 한다. 단, 공공기관(주택공사등)에 인가신청된 관리처분계획의 타당성 검증을 요청하는 경우 관리처분계획 인가신청을 받은 날로부터 60일 이내에 인가 여부를 결정하여 사업시행자에게 통지해야 한다.
③ 고시: 시장, 군수가 그 내용을 공보에 고시한다. 그리고 토지 등 소유자 또는 분양신청을 한 자에게 공람계획 또는 관리처분계획의 인가 내용 등을 통지하여야 한다.

• 관리처분계획 고시 후 임차권자 등의 권리조정

관리처분계획 인가의 고시가 있을 때는 종전의 토지 또는 건축물의 소유자, 지상권자, 전세권자, 임차권자 등 권리자는 소유권 이전의 고시가 있은 날까지 종전의 토지 또는 건축물에 대하여 이를 사용하거나 수익할 수 없다. 단, 사업시행자의 동의를 받거나 손실보상이 완료되지 아니한 권리자의 경우에는 사용하거나 수익할 수 있다.

정비사업의 시행 전에 지상권, 전세권 또는 임차권의 권리를 갖고 있던 권리자는 정비사업의 시행으로 그 권리 목적이 상실됨에 따라 토지 등 소유자에게 계약을 해지할 수 있다. 그리고 전세금, 보증금 그 밖의 계약상 금전 반환청구권은 사업시행자에게 행사할 수 있고 금전을 지급한 사업시행자는 당해 토지 등 소유자에게 이를 구상할 수 있다. 만약 구상이 되지 않았을 때는 토지 등 소유자에게 귀속될 대지 또는 건축물을 압류할 수 있다. 이 경우 압류한 권리는 저당권과 동일한 효력을 가진다.

9. 준공

정비사업에 관한 공사를 완료한 때에는 시장, 군수의 준공인가를 받아야 하며 이를 공보에 고시한다.

10. 소유권 이전 및 청산

• 소유권 이전

사업시행자는 공사완료 고시가 있을 때 지체 없이 대지확정측량을 하고, 토지의 분할절차를 거쳐, 관리처분계획에 정한 사항을 분양받을 자에게 통지하고, 대지 또는 건축물의 소유권을 이전하여야 한다.

• 소유권 취득시기

사업시행자는 대지 및 건축물의 소유권을 이전하고자 하는 때는 그 내용을 당해 지방자치단체의 공보에 고시한 후 이를 시장, 군수에게 보고한다. 이 경우 대지 또는 건축물을 분양받을 자는 고시가 있은 날의 다음 날에 그 대지 또는 건축물에 대한 소유권을 취득한다.

• 등기절차

사업시행자는 소유권 이전의 고시가 있을 때 지체 없이 대지 및 건축물에 관한 등기를 등기소에 촉탁 또는 신청하여야 한다. 이때 정비사업에 관하여 이전의 고시가 있은 날부터 이전고시에 의해 등기가 있을 때까지는 저당권 등의 다른 등기를 하지 못한다.

• 청산금

청산금은 대지 또는 건축물을 분양받은 자가 종전에 소유하고 있던 토지 또는 건축물의 가격과 분양받은 대지 또는 건축물의 가격 사이에 차이가 있는 경우, 사업시행자는 그 차액에 상당하는 금액을(청산금) 분양받은 자로부터 징수하거나 분양받은 자에게 지급하여야 한다.

공공주택 개발 사업에 의한 보상 및 대상자

1. 보상의 종류 및 기준

- 보상의 종류
  ① 토지, 건축물, 공작물, 과수, 분묘 등의 보상
  ② 영업, 영농, 축산 등의 손실에 관한 보상
  ③ 주거 이전비, 이사비 등
  ④ 이주자택지 등 이주대책 및 생활대책 등

- 보상금 산정기준
토지 및 물건 등에 대한 보상가격은 「부동산 가격공시 및 감정평가에 관한 법률」에 의거 공인된 3인의 감정평가업자의 산술 평균한 금액으로 결정하며, 3인 중 1인은 사업시행자, 또 다른 1인은 토지 소유자, 나머지 1인은 시·도지사가 추천하는 자로 한다. (단, 토지소유자 또는 시·도지사 미추천 시 2인의 감정평가업자로 한다)

- 감정평가업자 토지 소유자 추천요건
① 공익사업을 위한 토지 등의 취득 및 보상에 관한 법률 제68조 제2항 및 시행령 제28조
○ 보상대상 토지면적의 2분의 1 이상 해당하는 토지 소유자와 당해 토지 소유자 총수의 과반수의 동의를 얻은 사실을 증명하는 서류를 첨부하여 사업시행자에게 요청(보상계획 열람기간만료일로부터 30일 이내)하여야 한다.
○ 주거이전비, 이사비 및 농업손실보상금 등은 사업시행자가 「공익사업을 위한 토지 등의 취득 및 보상에 관한 법률」에 따라 산정하여 지급한다.

가. 토지보상

토지보상액은 3인의 감정평가업자(토지소유자 또는 시·도지사 미추천시 2인)가 「부동산 가격공시 및 감정평가에 관한 법률」에 의한 공시지가를 기준으로 그 공시 기준일로부터 가격시점까지의 지가변동률, 생

산자물가상승률, 당해 토지의 이용계획 그 밖의 당해 토지의 위치·형상·환경·이용상황 등을 종합적으로 고려·평가한 금액을 산술평균하여 결정한다.

토지 보상액은 가격 시점에 있어서의 현실적인 이용상황과 일반적인 이용방법에 의한 객관적 상황을 고려하여 산정하되, 일시적인 이용상황과 토지소유자 또는 관계인이 갖는 주관적 가치 및 특별한 용도로 사용할 것을 전제로 한 경우 등은 고려하지 않는다.

「국토의 계획 및 이용에 관한 법률」등 관계법령에 의하여 허가를 받거나 신고를 하고 형질변경을 하여야 하는 토지를 허가를 받지 아니하거나 신고를 하지 아니하고 형질변경한 토지(이하 "불법형질변경토지"라 한다) 또는 '89. 1. 25 이후「건축법」등 관계법령에 의하여 허가를 받거나 신고를 하고 건축 또는 용도변경을 하여야 하는 건축물을 허가를 받지 아니하거나 신고를 하지 아니하고 건축 또는 용도변경한 건축물(이하 "무허가건축물등"이라 한다)의 부지에 대하여는 토지가 형질 변경될 당시 또는 무허가건축물 등이 건축 또는 용도 변경될 당시의 이용상황을 상정하여 평가한다.

종전에 시행된 공익사업의 부지로서 보상금이 지급되지 아니한 토지(미불용지)에 대하여는 종전의 공익사업에 편입될 당시의 이용상황을 상정하여 평가한다. 다만, 종전의 공익사업에 편입될 당시의 이용상황을 알 수 없는 경우에는 편입될 당시의 지목과 인근토지의 이용상황을 참작하여 평가한다.

당해 공익사업으로 인하여 토지 등의 가격에 변동이 있는 때에는 이를 고려하지 아니하며, 당해 공익사업 시행을 직접 목적으로 용도지역 또는 용도지구 등이 변경된 토지에 대하여 변경되기 전 용도지역 등을 기준으로 평가한다.

나. 건축물 등의 보상

건축물 및 공작물 등은 그 구조·이용상태·면적·내구연한·유용성·이전가능성 그 밖의 가격형성에 관련되는 제요인 등을 종합적으로 고려하여 평가한 금액으로 보상액을 결정한다. 관계법령을 위반하여 허가권자의 허가 없이 건축한 무허가 건축물 등은 보상하지 않는다.

건축물·입목·공작물 등 기타 토지에 정착한 물건(이하 "건축물등"이라 한다)은 이전비로 평가하되, 건축물 등의 이전이 어렵거나 그 이전으로 인하여 건축물 등을 종래의 목적대로 사용할 수 없게 된 경우, 건축물 등의 이전비가 그 물건의 가격을 넘는 경우, 건축물 등을 사업시행자가 공익사업에 직접 사용할 목적으로 취득하는 경우 당해 물건의 가격으로 보상한다.

공작물 그 밖의 시설(이하 "공작물등"이라 한다)의 용도가 폐지되었거나 기능이 상실되어 경제적 가치가 없는 경우, 공작물 등의 가치가 보상되는 다른 토지등의 가치에 충분히 반영되었을 경우 등에는 보상대상이 되지 않는다. 또한, 택지개발촉진법 제6조(행위제한 등) 및 보금자리주택건설 등에 관한 특별법 제11조(행위제한 등)에 따른 허가를 받지 아니한 건축물 등은 보상대상이 되지 않는다.

다. 수목 등의 보상

과수 그 밖의 수익수 또는 관상수는 수종·규격·수령·수량·식수면적 ·관리상태·수익성·이식 가능성 및 이식의 난이도, 그밖에 가격형성에 관련되는 제요인을 종합적으로 고려하여 평가한 금액으로 보상한다.

임야상의 조림되지 아니한 소나무 및 잡목 등 자연 수목은 토지 보상액에 화체되어 토지보상금액에 반영되므로 따로 보상하지 않는다.

라. 분묘보상

분묘에 대한 보상액은 분묘 및 부속 물건(석물 등) 이전비, 잡비의 합계액으로 보상하고 유연분묘에 대해서는 이전보조비를 지급한다.

「장사 등에 관한 법률」에 따라 분묘 개장 신고필증을 교부받아 분묘를 개장하고 필요서류(개장신고증, 이장확인서, 연고자확인서 등)를 제출하면 분묘이장비를 지급해준다.

마. 영업손실보상

영업손실보상 대상은 다음 모두에 해당하는 영업이어야 한다.

사업인정고시일 등 전부터 적법한 장소(무허가건축물 등, 불법형질변경 토지, 그 밖의 다른 법령에서 물건을 쌓아놓는 행위가 금지되는 장소가 아닌 곳을 말한다)에서 인적·물적 시설을 갖추고 계속적으로 행하고 있는 영업. 다만, 무허가건축물등에서 임차인이 영업하는 경우에는 그 임차인이 사업인정고시일 등 1년 이전부터 부가가치세법 제5조에 따른 사업자등록을 하고 행하고 있는 영업을 말한다. (이 경우 영업보상 한도: 1천만 원 이내)

영업을 행함에 있어서 관계법령에 의한 허가·면허·신고 등을 필요로 하는 경우에는 사업인정고시일 등 전에 허가·면허·신고 등을 받아 그 내용대로 행하고 있는 영업 해당 사업의 시행으로 인하여 휴업하는 경우 휴업기간(3개월 내)에 해당하는 영업이익, 휴업기간 중의 영업용 자산에 대한 감가 상각비·유지관리비·휴업기간 중 최소 인원에 대한 인건비 등 고정비용, 영업시설·원재료·제품 및 상품 이전 비용 및 그 이전에 따른 감손상당액, 영업장소 이전으로 인하여 소요되는 부대비용(이전광고비 및 개업비 등)을 합한 금액을 보상한다.

해당 사업 시행으로 인하여 폐업하는 경우 최근 3년간의 평균영업이익을 기준으로 평가한 2년간의 영업이익, 영업용 고정자산·원재료·제품 상품 등의 매각손실액을 더한 금액으로 보상한다.

다만, 영업자가 영업폐지 후 2년 이내에 해당 영업소가 소재하고 있는 시·군·구 또는 인접 시·군·구의 지역 안에서 동일 영업을 하는 경우에는 영업폐지에 대한 보상금을 환수하고「공익사업을 위한 토지 등의 취득 및 보상에 관한 법률」시행규칙 제47조에 따른 영업의 휴업 등에 대한 손실을 보상한다.

● 폐업에 해당하는 경우
① 영업장소 또는 배후지(당해 영업의 고객이 소재하는 지역)의 특수성으로 영업소가 소재한 시·군·구(자치구를 말한다. 이하 같다) 또는 인접 시·군·구로 이전하여서는 영업을 할 수 없는 경우
② 영업소가 소재한 당해 시·군·구 또는 인접 시·군·구의 다른 장소에서는 당해 영업의 허가 등을 받을 수 없는 경우
③ 도축장 등 악취 등이 심하여 인근 주민에게 혐오감을 주는 영업시설로서 영업소가 소재한 당해 시·군·구 또는 인접 시·군·구의 다른 장소로 이전하는 것이 현저히 곤란하다고 시·군·구청장이 객관적 사실에 근거하여 인정하는 경우
④ 사업인정고시일 등 이전부터 허가·면허·신고 등(이하 "허가등"이라 한다)을 필요로 하는 영업을 허가 등이 없이 행하여 온 자가 공익사업의 시행으로 인하여 적법한 장소에서 영업을 계속할 수 없게 된 경우에는「통계법」제3조 제3호에 따른 통계작성기관이 조사·

발표하는 가계조사통계의 도시근로자가구 월평균 가계지출비를 기준으로 산정한 3인 가구 3개월분 가계지출비에 해당하는 금액을 영업손실에 대한 보상금으로 지급하되, 영업시설·원재료·제품 및 상품의 이전에 소요되는 비용 및 그 이전에 따른 감손상당액(이하 "영업시설등의 이전비용"이라 한다)은 별도로 지급한다.

다만, 본인 또는 생계를 같이 하는 동일 세대안의 직계존속·비속 및 배우자가 당해 공익사업으로 다른 영업에 대한 보상을 받은 경우에는 영업시설 등의 이전비용만을 지급한다.

바. 휴직 또는 실직보상

사업인정고시일 당시 사업시행지구안의 사업장에서 3월 이상 근무한 근로자(「소득세법」에 의한 소득세가 원천징수된 자에 한함)로서 근로장소의 이전으로 일정기간 휴직하게 된 경우 휴직일수(휴직일수가 90일이 넘는 경우에는 90일로 봄)에 「근로기준법」에 의한 평균임금의 70%에 해당하는 금액을 곱한 금액을 보상한다. (평균임금의 70% 해당 금액이 「근로기준법」에 의한 통상임금을 초과하는 경우에는 통상임금을 기준으로 함) 근로 장소의 폐지 등으로 인하여 직업을 상실하게 된 경우에는 「근로기준법」에 의한 평균임금의 90일분에 해당하는 금액을 지급한다.

휴직보상 등은 향후 사업장이 실제 이전함으로 인해 직원의 휴직이 발생한 이후 신청 가능하다.

사. 농업손실보상

1) 해당 사업지구에 편입되는 농지면적에 「통계법」 제3조 제3호에 따른 통계작성기관이 매년 조사·발표하는 농가경제조사통계에 의하여 산출한 경기도 연간 농가평균 단위경작면적당 농작물(재배작물의 종류와 무관) 총수입의 2년분을 곱하여 산정한 금액을 영농손실액으로 보상한다.

2) 단, 국토교통부장관이 농림축산식품부장관과의 협의를 거쳐 관보에 고시하는 농작물(다년생식물을 포함) 실제소득인정기준에서 정하는 바에 따라 실제소득을 입증하는 자가 경작하는 편입농지에 대하여는 제1항의 규정에도 불구하고 그 면적에 단위경작면적당 실제소득의 2년분을 곱하여 산정한 금액을 영농손실액으로 보상한다.

3) 영농손실 보상대상자

구분		보상대상자
자경농지		종지의 소유자
자경농지가 아닌 경우	농지 소유자가 당해 지역에 거주하는 농민	• 농지 소유자와 실제 경작자 간의 협의 내용에 따라 보상 • 실제 경작자가 자의에 의한 이농, 해당 농지의 소유권 이전에 따른 임대차 계약의 해지 등의 사유로 인하여 보상협의일 또는 수용재결일 당시에 경작을 하고 있지 아니하는 경우 농지의 소유자
	농지소유자가 당해지역 외에 거주	실제 경작자

• 당해 지역의 범위

동일 지역: 해당 토지의 소재지와 동일한 시(행정시를 포함한다)·구(자치구를 말한다)·읍·면(도농복합형태인 시의 읍·면을 포함한다)

연접 지역: 동일 지역과 연접한 시·구·읍·면

아. 축산업보상

축산업 보상은 축산법 제22조에 따라 등록한 부화업·계란집하업·종축업·가축사육업을 영위하고 기준 사육 마릿수 이상의 가축을 기르는 경우에 지급된다.

• 기준 사육 마릿수는 공익사업을 위한 토지 등의 취득 및 보상에 관한 법률 시행규칙 제49조를 준용한다.

기준 사육 마릿수 미만의 가축을 여러 가축 종류로 기르는 경우에는 가축의 기준 마릿수에 대한 실제 사육 마릿수의 각 비율의 합계가 1 이상인 경우에는 보상대상이 된다.

축산업에 대한 손실액은 영업손실보상 방법을 준용하며 축산업 손실보상 대상이 아닌 가축에 대하여는 이전비로 평가하여 보상한다.

자. 주거이전비 / 이사비

1) 주거이전비

○ 소유자

구분	내용
대상자	공익사업시행지구에 편입되는 주거용 건축물의 소유자 (단, 건물 소유자가 실제 거주하고 있지 아니하거나 89.1.25 이후 건축된 무허가 건물에 거주하는 자는 제외)
지급금액	통계청이 조사, 발표하는 도시가계조사통계의 근로자 가구의 가구원수별 월평균 가계지출비×2월분(동일주민등록상에 등록된 가족을 기준으로 산정, 출생, 입양, 혼인 등으로 인하여 증가된 가족 포함)
지급시기	사업지구 밖으로 이주하고 주민등록 이전 확인 후 지급

○ 세입자

구분	내용
대상자	공익사업시행지구에 편입되는 주거용건축물의 세입자에 대해서는 사업인정고시일 등 또는 공익사업을 위한 관계법령에 의한 고시 등이 있는 당시 사업지구 안에서 3개월 이상 거주한 자(단, 무허가건물 세입자는 기준일 당시 사업지구 안에서 1년이상 거주한 경우 대상자는 포함)
지급금액	통계청이 조사, 발표하는 도시가계조사통계의 근로자 가구의 가구원수별 월평균 가계지출비 × 4월분(동일 주민등록상에 등록된 가족수를 기준으로 산정, 출생, 입양, 혼인 등으로 인하여 증가된 가족 포함)
지급시기	사업지구 밖으로 이주하고 주민등록 이전 확인 후 지급

※ 건물 소유자와 세입자가 직계 존·비속의 관계이고 동일한 주거공간을 향유하고 있는 경우에는 주민등록상 독립세대를 이루고 있더라도 별도 세대가 아닌 가족의 일원으로 보아 소유자의 주거이전비에 포함하여 지급

2) 이사비

구분	내용
대상자	주거용 건물에 거주하는 자로서 사업시행으로 인하여 이주하게 되는 자
지급금액	• 가재도구 등 동산의 운반에 필요한 실비로 하되, 주거용 건물 점유면적 기준에 의하여 지급 • 가옥 소유자와 세입자 이사비는 동일
지급시기	사업지구 밖으로 이주하고 주민등록 이전 확인 후 지급

차. 이주대책 / 생활대책

1) 이주대책은 공익사업의 시행으로 인하여 주거용 건축물을 제공함에 따라 생활의 근거를 상실한 자에 대하여서는 사업지구별로 이주대책 수립·시행하여 향후 별도로 안내해준다.

2) 생활대책은 토지보상법상의 이주대책과는 별도로 원활한 사업추진을 위하여 사업시행자가 사업성격 등 여건에 맞추어 시행하는 것으로, 사업지구 내 보상대상자의 현실적인 생활안정을 도모하기 위한 제도로, 사업지구별로 생활대책을 수립·시행하여 향후 별도로 안내해준다.

2. 토지수용이란

1) 공익사업의 시행자가 법률에서 정한 절차에 따라 토지 소유자의 의사에도 불구하고 필요한 토지의 소유권을 강제적으로 취득하게 하는 제도를 말한다. 협의가 성립되지 않으면 부득이 토지수용을 하게 된다.
    ※ 관련법률: 공익사업을 위한 토지 등의 취득 및 보상에 관한 법률
2) 공익사업에 필요한 토지를 취득할 경우에 토지 소유자와 원만한 협의에 의하는 것이 가장 바람직하겠으나 토지보상금이 낮다는 이유나 기타 사정으로 협의가 성립되지 않을 경우에는 '공익사업을 위한 토지 등의 취득 및 보상에 관한 법률'에 의거 중앙토지수용위원회에 수용재결을 신청하게 된다. '수용재결' 결과에 따라 보상금액을 소유자에게 지급하거나 공탁하고 토지소유권은 우리 공사로 넘어오게 된다.
3) 협의보상과 수용보상의 비교
    협의가 성립되지 않아 중앙토지수용위원회에 재결신청을 하게 되면 재결금액이 결정되기까지 상당한 시일(5~7개월)이 소요되며 금액인상 또한 불투명하게 된다.
    따라서 협의에 응하여 바로 현금을 지급받아 운용할 수 있는 것과 금액 인상이 불투명한 채로 기다리는 것은 신중을 기하여 선택해

야 한다.

예를 들어 1년여를 기다린 후 수용재결금액이 정기예금 이자율에도 못 미치는 금액으로 결정되거나 당초 금액으로 결정될 수도 있기 때문이다.

3. 재개발 보상금

재개발 보상금에는 이주비, 이사비, 주거 이전비, 이주 정착금 등이 있다.

① 이주비(이주비 대출 가능)
이주비는 재개발 정비 대상이 된 주택의 조합원이 정비 기간 동안 임시로 거주할 곳을 마련하는 데 필요한 비용을 지원하는 제도이다. 조합이 은행 등과 협의하여 대출하는 형태로 지원하는 것이므로 아파트 준공 및 입주 후 상환해야 하는 지원금이다.
〈대상〉
○ 1세대 1주택자
○ 일시적 1세대 2주택자(기존 주택 처분 조건)
  모든 조합원에게 제공하는 보상금은 아니다. 2주택 이상의 다주택자라면 받을 수 없는 보상금인 것이다. 1세대 1주택 또는 일시적 1세대 2주택자로서 기존 주택을 처분할 예정인 사람을 대상으로 한다. 조합원이 아닌 전세 또는 월세 세입자에게는 지원하지 않는다.

또한 세입자가 이사를 나가야 이주비 대출을 받을 수 있다. 그 때문에 미리 전월세 계약을 하면서 세입자 이주 의무와 이주 거부에 따른 손해배상 등을 특약 사항으로 계약서에 명시하는 것이 좋다.

② 이사비

이사비는 재개발 정비사업을 원활하게 진행하기 위하여 조합에서 지급하는 일종의 이주 촉진비라고 생각할 수 있다.

토지보상법에 따라 노임, 차량 운임, 포장비 등 실제 이사할 때 발생하는 실비를 산정하여 지원하는 보상금이다.

〈대상〉

○ 조기 이주를 장려하기 위해 재개발 정비구역 내의 주택에서 거주 중인 사람이 사업시행인가 고시일 이후 정비구역 밖으로 이사할 때 지급한다.

○ 정비구역 공람공고일을 기준으로 하여 3개월 전부터 거주한 현금청산자, 세입자가 받는다.

○ 민간사업의 성격을 가진 재건축 사업이 조합원에 한하여 이사비를 지원하는 반면, 재개발의 경우 공익사업의 성격이 있기 때문에 조

합원이 아닌 현금 청산자나 세입자가 이사비 지원을 받는다.

〈이사비 지급 형태〉

○ 이사비는 세입자에게 직접 지원하는 것이 아니라, 조합이 해당 주택의 소유자(조합원 및 현금 청산자)에게 지급하면 소유자가 세입자의 이주를 확인한 뒤에 지급하는 것이다.

〈이사비 금액〉

○ 지원하는 이사비 규모는 정비사업 구역별로, 주택 면적별로 상이하다. 수십만 원부터 수백만 원에 이르기까지 다양하다. 이사비 지원을 원한다면 조합에 직접 문의하여 지급 금액과 지급 기준일을 정확히 확인하는 것이 좋다.

③ 주거 이전비

공익사업 성격의 재개발사업에서 거주민 손실 보상을 위해 국가가 지원하는 보상금이다. 세대원 수에 따라 보상금액이 달라지고 가구원 수가 많을수록 커진다.

〈대상 및 금액〉

○ 조합원 또는 현금청산자: 2개월분
○ 정비구역 공람공고일 이전부터 3개월 이상 거주한 세입자: 4개월분

조합원이나 현금청산자라면 실거주한 경우에 세대원 수에 따라 가계

지출비의 2개월분을 보상받는다. 반면, 민간사업의 성격을 띠는 재건축 아파트의 조합원이라면 주거 이전비 대상자가 아니니, 참고해야 한다. 세입자의 경우 정비구역 공람공고일 기준으로 3개월 이전부터 거주한 경우에 한하여 사업시행 고시 이후에 보상을 청구하여 받을 수 있다. 세대원 수에 따라 가계 지출비의 4개월분을 주거 이전비로 보상받는다.

재건축, 어렵지만 알아둬야 할 것들

1. 재건축사업

재건축사업이란 정비기반시설은 양호하나 노후·불량건축물에 해당하는 공동주택이 밀집한 지역에서 주거환경을 개선하기 위한 사업으로서, 「도시 및 주거환경정비법」에 따른 정비사업 중 하나를 말한다.

만약 재건축사업이 어려워 지역 주민들이 공공기관의 참여를 희망하는 경우 다음의 요건을 모두 갖추어 공공기관이 사업시행자 등으로 참여하는 공공재건축사업의 형태로 재건축사업을 진행할 수 있다.

① 특별자치시장·특별자치도지사, 시장·군수·자치구의 구청장 또는 토지주택공사 등(조합과 공동으로 시행하는 경우 포함)이 재건축사

업의 시행자나 대행자일 것

② 종전의 용적률, 토지면적, 기반시설 현황 등을 고려하여 대통령령으로 정하는 세대수 이상을 건설·공급할 것. 다만, 정비구역의 지정권자가 「국토의 계획 및 이용에 관한 법률」 제18조에 따른 도시·군 기본계획, 토지이용 현황 등 대통령령으로 정하는 불가피한 사유로 해당하는 세대를 충족할 수 없는 경우에는 적용되지 않음.

기본 절차는 재개발과 크게 다르지 않다.

2. 재건축 대상

정비구역 지정 내

- 공동주택 재건축

① 기존 또는 예정 세대수가 300세대 이상이 거주지 면적이 1만m^2 이상인 지역
- 재건축의 일부가 멸실되어 붕괴 그 밖의 안전사고 우려가 있는 지역
- 재해 등이 발생할 경우 위해의 우려가 있어 신속히 정비사업을 추진할 필요가 있는 지역
- 안전진단 실시 결과 2/3 이상의 주택 및 주택단지가 재건축 판정을 받은 지역

- 단독주택 재건축

기존의 단독주택 200세대이상 또는 부지면적이 1만m² 이상인 지역으로서 다음에 해당하는 지역

① 도로 등 정비기반 시설이 충분히 갖추어져 인근지역에 정비시설을 추가로 설치할 필요가 없을 것, 단, 정비기반시설을 정비사업 시행자가 부담하여 설치하는 경우는 제외

② 노후불량건축물이 당해지역 안에 있는 건축물 수의 2/3 이상이거나 노후 불량 건축물이 당해 지역 안에 있는 건축물의 1/2 이상으로, 준공 후 15년이 경과한 다세대 주택 및 다가구주택이 당해지역 안의 건축물 수의 3/10 이상일 것

정비구역이 아닌 구역

「주택법」 제16조에 따른 사업계획승인 또는 「건축법」 제11조에 따른 건축허가(이하 이 조에서 '사업계획승인등'이라 한다)를 받아 건설한 아파트 또는 연립주택(「건축법 시행령」 별표 1 제2호 가목에 따른 아파트 또는 같은 호 나목에 따른 연립주택을 말한다. 이하 이 조에서 같다) 중 노후·불량건축물에 해당하는 것으로, 다음 각 호의 어느 하나에 해당하는 것을 말한다. 다만, 「건축법」 제11조에 따른 건축허가를 받아 주택 외의 시설과 주택을 동일 건축물로 건축한 것은 제외한다.

3. 재건축 안전진단

안전진단을 하는 이유

시장, 군수는 정비계획의 수립, 주택재건축사업의 시행 여부 결정 또는 안전사고를 방지하기 위하여 안전진단을 실시한다. 정비계획의 수립 또는 주택재건축사업의 시행 여부를 결정하기 위하여 실시하는 것이다.

안전진단 신청 대상

- 주택재건축사업의 정비예정구역별 정비계획의 수립시기가 도래한 때
- 정비계획의 입안을 제안하고자 하는 자가 입안을 제안하기 전에 해당 정비예정구역 안에 소재한 건축물 및 그 부속토지의 소유자 1/10 이상의 동의를 얻어 안전진단 실시를 요청하는 때
- 정비구역이 아닌 구역에서 주택재건축사업을 시행하고자 하는 자가 추진위원회의 구성 승인을 신청하기 전에 해당 사업예정구역 안에 소재한 건축물 및 그 부속토지의 소유자 1/10 이상의 동의를 얻어 안전진단 실시를 요청하는 때
- 정비예정구역을 지정하지 아니한 지역에서 주택재건축사업을 하려는 자가 사업예정구역에 있는 건축물 및 그 부속토지의 소유자 1/10이상의 동의를 받아 안전진단을 요청하는 경우
- 내진성능이 확보되지 아니한 건축물 중 중대한 기능적 결함 또는

부실설계, 시공으로 인한 구조적 결함 등이 있는 건축물로서 대통령령으로 정하는 건축물의 소유자로서 주택재건축사업을 시행하고자 하는 자가 해당 사업예정구역에 소재한 건축물 및 그 부속토지의 소유자 1/10 이상의 동의를 받아 안전진단 실시를 요청하는 때

재건축의 안전진단

주택재건축사업의 안전진단은 주택단지 내의 건축물을 대상으로 한다. 단, 대통령령으로 정하는 주택단지 내 건축물의 경우에는 안전진단 대상에서 제외할 수 있다.

4. 재건축사업 매도청구 및 현금청산

재건축사업은 조합원이 재건축사업에 동의하지 않으면 매도청구 대상이 되며 이 경우 시장가격보상을 한다. 재건축사업은 재개발사업에 비해 높은 시장가격 기준으로 산정하여 개발이익이 반영된 것이라고 하나, 실제 감정평가를 진행해보면 주변 시세가 계속 오르기 때문에 보상금에 만족하지 못하는 경우가 많다.
재건축사업에서는 영업보상비, 이주정착비, 이사비, 주거이전비를 받을 수 없다. 반면, 재개발은 공시지가 기준으로 보상금이 결정되고 영업보상비, 이주정착비, 이사비, 주거이전비를 받을 수 있다.
공시지가 자체가 워낙 일반 시장가격보다 낮기 때문에 보상받은 사

람의 입장에서 볼 때 여러 문제가 있다.

재개발사업은 현금 청산자들에게 매도청구가 아닌 토지수용법에 의거해 토지 보상을 실시하기 때문에 강제 수용의 단계로 진행이 되어 이에 불만이 있을 시 현금 청산자는 수용재결, 이의재결을 통해 행정소송으로 진행하는 경우도 많다.

재건축사업에 매도청구 외 현금청산이 있는데 현금 청산 대상자는 분양신청 기간에 분양신청을 하지 않았거나, 조합원자격으로 분양신청을 하였고 분양신청 기간이 종료된 이후에는 임의로 분양신청을 철회할 수 없고, 조합원이 분양계약체결 의사가 없음을 명백히 표시하고 사업시행자가 이에 동의한 경우 현금 청산자가 될 수 있다.

현금 청산자가 되더라도 바로 청산금을 받을 수는 없다. 관리처분인가 고시된 다음 날부터 90일 이내에 현금 청산자와 손실보상에 관해 협의한 후 현금청산금을 받을 수 있다. 단, 사업시행자는 분양신청 기간 종료일 다음 날부터 협의할 수 있다.

만약 협의가 성립되지 않으면 사업시행자는 협의 기간 만료일 다음 날부터 60일 이내에 매도청구 소송을 해야 하고, 60일 기간을 넘기면 지연일수에 따른 지연이자를 지급받을 수 있다.

결론은 재개발사업의 시행자는 수용재결에 의해, 재건축사업의 시행자는 매도청구소송에 의해 현금 청산금을 받게 된다.

5. 재건축 절차

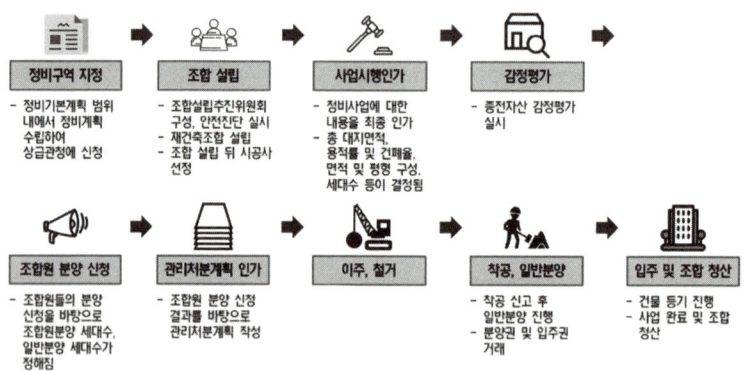

출처: Freepik, NH투자증권 리서치 본부

6. 민간재건축과 공공재건축 차이점

공공재건축의 도입 배경은 다음과 같다.

5년 전 수도권주택 가격 상승이 사회문제가 되었다. 특히 서울의 경우 가용한 신규 택지가 없어 재건축, 재개발 등 도시정비사업을 통해 공급이 이루어졌으나 재건축 초과이익환수제 등으로 도비정비사업을 억제하는 분위기 때문에 수요만큼 공급이 많이 부족했다.

따라서 이를 해결하기 위해 8.4 공급대책(2020.8.4.)으로 수도권에 5만 호 주택공급을 늘리기 위해 이 사업 방식을 새로 도입하게 되었다. 그러나 국토교통부 자료에 따르면 공공재건축 정비계획을 세운 곳은 총

구분	민간재건축	공공재건축 (공동 또는 공공단독 시행방식은 주민이 결정)	
		공동시행	공공단독시행
사업시행 주체	조합	조합 + LH (LH는 인허가 및 사업관리 지원)	LH (조합해산 후 주민대표회의 구성)
주민동의 요건	구분소유자 3/4 이상 및 토지면적 3/4 이상	조합원 과반수 동의	토지 등 소유자 2/3 이상 (토지면적 1/2 이상)
의사결정(시공사 결정, 마감재 선택 등)	조합총회	조합총회	주민대표회의 협의
사업계획 심의	개별심의	통합심의	
임대주택 비율	전체 세대수 대비 평균 6.7% ('20년 준공 단지 기준)	전체 세대수 대비 평균 6.5% (공공재건축 1차 사전컨설팅 결과)	
분담금		민간재건축 대비 평균 37% 감소 (공공재건축 1차 사전컨설팅 결과)	
기부채납 기준 (예시)	추가용적률의 50% +50% 기부채납 1/2, 일반분양 1/2 25% · 25% 250% 조합원 및 일반 분양	추가용적률의 40~70% (최대 40%까지 완화 가능) 150% 60% 일반분양 (조합수익) 100% 40% 기부채납 (분양+임대) 250% 조합원 및 일반 분양	

출처: LH

5개 단지로 2,579채에 그친다. 모두 시행사가 LH 또는 SH(서울주택도시공사)로 약정하여 사업 시행을 하고 있지만 목표치보다 현저히 낮다(15% 이내).

기존 35층이던 층수가 50층 이내로, 250%였던 용적률이 500%까지 높여주는 대신 늘어난 용적률의 50%씩 공공임대와 공공분양으로 기부 채납하는 조건의 시행방식이다. 이 기부채납 문제 때문에 사업 추진을 꺼리는 경우가 많았다.

공공재건축의 장점으로는 첫째, 종상향과 용적률과 층수 제한이 완화되기 때문에 사업성이 좋아져 조합원들의 분담금 부담이 다소 낮아지는 효과가 있다. 둘째, 다만 초과 용적률의 40~70% 범위 내에 국민주택규모 주택을 건설하여 기부 채납해야 한다. 셋째, 공공시행 방식이기 때문에 사업절차가 간소화되는 측면이 있고 사업 속도가 민간재건축보다 훨씬 빠르다.

공공 재건축의 단점으로는 첫째, 용적률이 500%까지 상향이 되면 고밀화 주택이 되어 주거 환경이나 학군, 주차 문제 등 주거조건의 편리성보다는 오히려 불편과 열악한 환경이 조성될 수 있다. 둘째, 공공재건축은 분양가 상한제한의 규제가 있기 때문에 조합원들에게는 불리할 수 있다(공공재개발의 경우 분양가 상한제한제를 피해 갈 수 있다).

7. 서울 재건축단지 현황

• 서초구 신반포3차
반포동 1-1, 최종 진행단계: 준공인가(18.07.02)
기본계획수립: 04.12.27 ▶ 조합설립인가: 15.04.23 ▶ 사업시행인가: 17.09.12

• 삼호가든 5차
반포동 30-1, 최종 진행 단계: 조합설립인가(20.9.9)

● 반포현대아파트

반포동 30-15, 최종 진행 단계: 이전고시(22.07.28)
조합설립인가: 16.10.28 ▶ 사업시행인가: 17.09.19 ▶ 관리처분인가: 18.07.20 ▶ 준공인가: 21.07.30

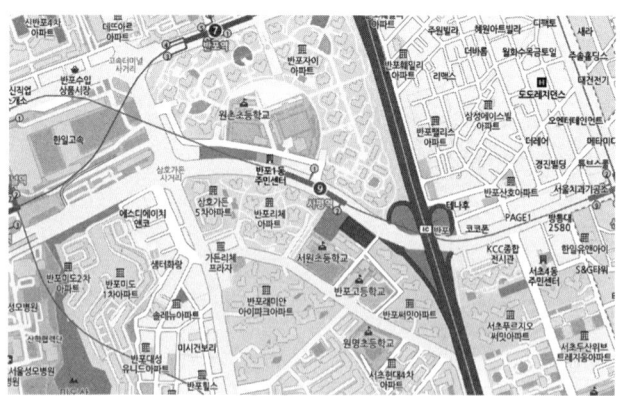

● 방배동 15

방배동 528-3, 최종 진행 단계: 조합설립인가(23.12.19)

• 서초신동아아파트

서초동 1334, 최종 진행 단계: 관리처분인가(18.05.15)
기본계획수립: 04.12.27 ▶ 조합설립인가: 15.04.10 ▶ 사업시행인가:17.03.3

• 서초진흥아파트

서초동 1315, 최종 진행 단계: 조합설립인가(20.03.12)

• 가락시영아파트

가락동 479, 최종 진행 단계: 조합해산(23.04.28)
조합설립인가: 03.06.12 ▶ 시행인가: 08.04.01 ▶ 관리처분인가: 15.01.27

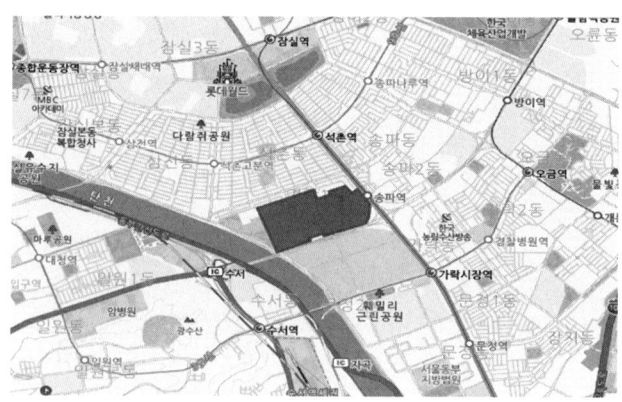

• 잠실우성아파트

잠실동 101-1, 최종 진행 단계: 조합설립인가(21.6.11)
기본계획수립: 06.03.20 ▶ 안전진단: 11.07.05 ▶ 조합추진위승인: 06.10.04

- 청화아파트

이태원동 22-2, 최종단계: 조합설립추진위승인(09.12.30)

- 산호아파트

원효로4가 118-16, 최종 진행 단계: 사업시행인가(24.03.29)
조합설립추진위원회승인: 05.03.10 ▶ 조합설립인가: 17.08.31

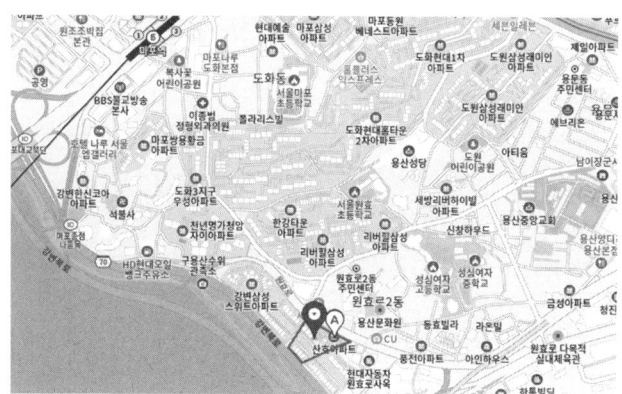

• 공덕1구역

공덕동 105-84, 최종 진행: 착공신고(23.10.23)
조합설립추진위승인: 06.08.07 ▶ 조합설립인가: 14.03.28 ▶ 관리처분인가: 18.04.16

• 홍제3구역

홍제동 104-41, 최종 진행: 관리처분인가(22.07.15)
조합설립추진위승인: 07.07.12 ▶ 조합설립인가: 11.10.13 ▶ 사업시행인가: 19.02.19

• 성수제1구역

성수동 1가 656-1264, 최종 진행: 조합설립인가(20.8.06)
조합설립추진위원회승인: 04.04.15

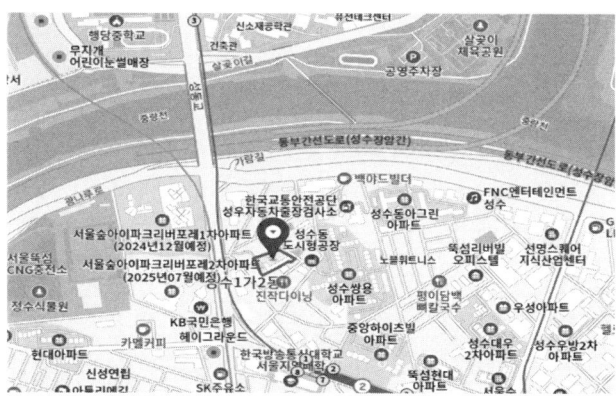

• 개포주공 6, 7단지

개포동 185, 최종 진행: 조합설립인가(21.01.22)
정비구역지정: 17.11.23 ▶ 조합설립추진위승인: 19.02.12

04
부동산 용어만 알아도 부린이 탈출!

1. 시행사

시행사는 부동산 관련 사업의 총괄 감독 같은 역할을 한다고 생각하면 된다. 토지를 매입하고 법률적인 절차를 확인하고 개발하고 기획하고, PF 자금 융통을 통해 택지조성에 필요한 자금 확보를 하고, 마케팅은 물론 분양까지 무에서 유를 만들어가는 모든 과정을 직접 기획한다.

그 외에도 설계와 각종 인허가를 직접 도맡아 하며 분양 금액 결정, 분양 시기, 입찰공고, 계약에 필요한 서류접수, 분양장소, 분양대금 입금 등 부동산 분야에서는 가장 막강하고 다른 영역(시공)에서도 영향을 크게 미친다.

부동산 개발사업의 실질적인 사업 운영 주체로서 가장 중요한 부분을 담당한다. 재건축의 경우 조합이 시행사가 된다. 시행사는 꼭 아파트나 실물 부동산만 책임지고 시행하는 것이 아니고 땅을 개발해서 굴착하고 대지를 만들기도 한다.

그래서 시행사 대표는 부동산 개발업자라 부르기도 하고 '디벨로퍼(Developer)'라고도 한다. 디벨로퍼는 단순한 부동산 업자와 구별되는 점이 있는데 개발 마인드에 따라 선견과 안목을 가지고 대규모 복합단지 개발이나 미래의 도시 구상을 이끌며 불모지를 유명한 대도시나 관광도시로 만드는 데 일등 공신의 역할을 한다.

그리고 시장 수급상황과 부동산의 잠재력을 정확히 예측하고 판단하여 개발 방안을 마련하고 그 후의 단계들(기획, 용지 확보, 설계 등)을 거치면서 아무도 눈여겨보지 않았던 부동산에 대한 새로운 가치를 창조하는 활동을 한다.

프로젝트마다 로케이션(입지)과 공급 시기가 다르기에 그때그때 시장을 잘 분석하여 다른 시행사가 하지 않은 좋은 상품에 아이디어와 기를 넣어서 부가가치를 극대화하는 게 중요한 일이다.

일반인들에게는 시행사가 다소 어렵고 생소할 수 있지만 부동산의 전반적인 일의 모든 결정은 시행사에서 하고 그 결정대로 나머지 분야에서는 따라갈 수밖에 없기 때문에 시행사의 힘은 무척 크다고 볼 수 있다.

2. 시공사

시공사는 대부분 건설 면허를 가지고 시행사로부터 발주를 받아 단순 공사부터 시행사로부터 지정받은 여러 분야의 건설을 담당하는 일을 한다. 현대건설, 지에스건설, 호반걸설, 포스코건설, 삼성물산, 롯데건설 등이 대표적 시공사다.

시공사는 주택건설이나 건설업으로 등록된 자격을 요하는 직원을 채용하여 토목설계, 건축설계 등 도면대로 시공을 하며 시행사가 지시한 업무 범위를 벗어나지 않기 때문에 제한적인 일을 담당할 수밖에 없다.

시행사로부터 자금을 받아 공사를 하는 시공사는 아파트 브랜드나 설계디자인과 많은 경험에서 오는 노하우의 기술력을 바탕으로 건설을 하기 때문에 시행사 입장에서는 리스크 없는 분양이 가능할 수 있다.

여기서 잠깐, 시행사와 시공사를 왜 구분할까? 그 이유는 리스크를 줄이기 위함이 가장 큰 이유이다. 예전에는 시행사 시공사가 분리되지 않고 한 건설사가 시행, 시공, 분양까지 모든 걸 하다 보니 여러 문제로 사업 시행이 길어지면서 갑자기 자금 문제가 생기다 보면 건물을 짓다가 중단하는 사태까지 발생이 되었다. 그래서 예전에는(1990년대) 흉물스럽게 방치가 되는 건물도 빈번하게 볼 수 있었지만, 지금은 각 분야대로 사업을 분리하여 안정적으로 운영하게 되었다.

그러나 최근 새로운 변화가 일어나고 있다. 재건축, 재개발에 뛰어든 건설사들이 직접 시행개발에 뛰어들고 있다는 것이다. 한국부동산개발협회(KODA)에 따르면 중견기업들로 이루어진 회원사가 대우건설을 시작으로 포스코, 롯데, GS, 현대건설, 현대엔지니어링, 삼성물산, 한화건설 등 대형 건설사가 대거 부동산개발협회에 가입했다는 것이다.

앞으로 시행까지 직접 하는 건설사가 얼마만큼 전문 시행사와 차별화된 전략으로 리스크를 감수하면서 사업성을 이어갈지 지켜봐야 할 일이다.

3. 신탁사

신탁사는 시행사나 시공사가 자금으로 인해 임무 완수를 끝까지 못 하게 될 경우에 대비하여 고객의 자금을 안정적으로 관리하고 보증하는 회사라고 할 수 있다.

투자자의 돈이 잘못되지 않게 안전하게 지킬 수 있는 제도적 장치이며 시행사는 시공사를 못 믿어도 신탁이라는 곳에 나의 자금이 입금된다면 불안해하지 않아도 된다. 왜냐하면 시행사와 시공사의 자금관리 문제를 해결해주고 운용에 문제점이 없도록 처리를 해주기 때문이며, 또한 신탁에서는 정확한 명분과 출금해야 할 근거가 확실치 않으면 고객자금을 쉽게 입출금을 하지 않기 때문에 시공사에는 자금관리 역할을, 고객에게는 투자금을 보증하는 역할을 한다.

대표적 신탁사로는 한국자사신탁, 아시아신탁, KB부동산신탁, 한국토지신탁 등이 있다.

4. 분양대행사

분양할 때 시행사의 갑(시행사), 을(시공사), 병(분양대행사)의 관계로 시행사의 분양 업무를 대행하는 역할을 한다. 시행사가 정해놓은 분양 가격(내고 가격)을 토대로 각종 수수료(직원수수료 + 경비 등)를 더해서 최종 분양 가격을 산정하기 때문에 분양대행사에는 가격 내고의 결정권이 없다.

분양대행사는 아파트 분양 모델하우스에 가면 그 지원을 많이 접할 수 있다. 홍보, 전단지, 상담, 안내 등등 분양의 전반적인 시행사의 업무보조를 하여 분양이 잘되도록 돕는 역할을 한다.

5. 전용면적(실면적)

전용면적은 실제로 사용하고 거주하며 생활하는 실면적으로 이해하면 된다. 아파트의 경우 방, 거실, 화장실, 주방, 세탁실 등 그 집에 거주하는 사람이 독립적으로 사용할 수 있는 공간을 전용면적이라고 한다.

단, 여기서 아파트 베란다는 전용면적에 포함되지 않는다. 베란다는 서비스 면적으로 포함되어 사실 확장을 하면 기본 면적보다 넓기 때문에 대부분 분양받아 입주하는 아파트의 경우 베란다를 확장하는 경우가 많다.

참고로 상가 분양 시 반드시 전용률을 확인해야 한다. 일반적으로 단지 내 상가는 전용률이 1층의 경우 80% 이상, 2층도 70% 이상으로 높게 나오지만, 일반 막상가는 1층이 60%대, 그 외 층수는 50%대 전용률에 불과한 경우가 많다. 따라서 계약 면적만 보지 말고 실제 전용면적 기준으로 평당 분양가를 따져봐야 한다.

왜냐하면 임차인이 상가를 선택할 때 가장 중시하는 기준 중 하나가 바로 전용률이기 때문이다. 예컨대 임대면적이 100평인데 전용면적이 50평이라면, 임차인이 실제로 영업하고 손님을 받을 수 있는 공간은 50평뿐이다. 그러나 관리비나 공공요금 등 공용부담금은 100평 전체 면적을 기준으로 부과되기 때문에, 임차인 입장에서는 실사용 면적 대비 부담이 크게 느껴질 수밖에 없다. 따라서 전용률이 50%밖에 안 되는 상가보다는 가급적 전용률이 높은 상가를 선호하는 것이다.

아파트의 경우도 예를 들어 35평을 분양받으면 통상 전용률이 75% 정도 나오는데 실면적이 26평 되는 아파트가 좋겠는가, 아니면 전용률 50%밖에 안 나오는 18평 아파트가 좋겠는가? 분양 대금은 똑같은데 기왕이면 전용률이 높은 아파트를 보편적으로 많이 선호하는 이유가 바로 여기에 있다.

6. 공급면적

전용면적과 엘리베이터, 계단, 주차장, 단지 내 커뮤니티시설 등은 나의 주공간이 아닌, 서브공간으로, 여러 사람과 공동으로 사용하도록 만들어진 공간을 합친 면적을 공급면적이라고 한다. 아파트 기준으로 35평, 115m^2를 말한다.

참고로, 공용면적은 공급면적에서 전용면적을 제외한 나머지 면적(엘리베이터, 계단, 주차장, 단지 내 커뮤니시설 등)을 말한다. 따라서 공급면적과 공용면적을 혼동하지 말아야 한다.

7. 가계약금

정식 계약에 앞서 미리 쌍방 합의로 계약하겠다는 의사표시로, 가계약도 엄연히 민법상 계약과 같은 법적 효력을 갖는다. 그래서 가계약금을 건 상태에서 계약을 파기하고자 할 때 분쟁이 많이 발생하는데, 이때 매수자의 가계약금은 포기해야 한다.

따라서 중개물건은 가계약금을 입금할 때는 반드시 특약에 '어떤 조건이나 변수가 발생 시에 입금된 가계약금은 즉시 반환하기로 한다'는 구체적인 문구를 넣고 합의하지 않으면 가계약금은 돌려받기란 어렵다.

또한 매수인 입장에서 본계약금 10%에 해당하는 금전이 아닌 가

계약금 정도의 일부 1% 금전을 이체하였더라도 이를 취소할 때는 본 계약금 9% 위약금을 더 지불해야 취소할 수 있다. 반대로 매도인 입장에서는 계약금 일부만 지급받았더라도 약정계약금 10%에 금원의 배액을 상환하고 매매계약을 해제할 수 있다(대법원 2015.4.23. 선고 2014다231378).

예를 들어 아파트 매매대금 5억 원, 계약금 5천만 원으로 정하고 매수인이 가계약금 500만 원을 매도인에게 지불한 상태에서 매도인이 일방적으로 해제의사 표시를 하였다면 매도인이 매수인에게 받은 500만 원의 배액인 1,000만 원을 상환하면 되는 게 아니고 약정금액인 5천만 원에 가계약금 500만 원을 합한 5,500만 원을 상환해야 해제가 된다.

따라서 상호 간에 계약취소도 원만하게 이뤄져야 각자가 피해 보지 않는다. 민법상의 계약은 쌍방 의사 합치만 있으면 성립하는 '낙성계약'이 원칙이기 때문에 계약서를 꼭 작성해야 성립하는 것이 아닌, 구두 합의만으로도 성립하므로 가계약금이 수수되었다면 계약성립의 의사 합치가 있다고 보는 것이다.

8. 중도금

부동산 거래를 할 때 통상 계약금을 치르고 그다음 약정을 하는 금전이 중도금이다. 잔금을 치르기 전에 통상 중도금을 납부하는 걸로 매수인이 약정을 하는데, 이는 법률적 의미로 이행을 착수하는 돈의 의미로 보면 된다.

중도금은 계약이행 확정의 의미로 중도금이 납부된 이후부터는 일방에 의한 계약해제는 불가하다. 따라서 계약해제를 하려면 매도인과 매수인이 합의가 꼭 필요하다. 일방적인 계약 파기는 소송으로 이어지게 되고, 이는 손해배상의 책임도 따르기 때문에 잘 알아둬야 한다.

집값 상승기에는 매도인이 계약금의 배액을 해약금으로 물어주고 계약을 해지하는 경우가 빈번하게 많이 있을 시기에 계약금 입금할 때 300만 원이라도 중도금 일부로 입금하라고 고객들한테 권한 적이 많았다.

대부분의 고객은 중도금액이 맞아야 하고 날짜도 맞춰서 입금해야 한다고 생각하지만, 전혀 그렇지 않다. 날짜가 늦어지는 건 문제가 생길 수 있겠지만, 중도금을 빨리 준다고 문제 될 건 없다는 것이다. 그리고 금액이 계약금 10% 이상의 금액 일부가 중도금으로 들어갔으면 중도금으로 해당이 되기 때문에 매수자 입장에서는 계약 해지를 방지하기 위해 좋은 수단이 될 수 있는 것이다.

반대로, 내가 매도인의 위치라면 매매계약 특약사항에 '이행하기 전에 이행에 착수할 수 없다'는 특약 문구를 넣어야 특정 날짜에만 중도금 입금을 할 수 있다.

만일 매도인이 중도금을 받은 상태에서 잔금을 받기 전에 다른 사람에게 해당 부동산을 매도하게 되었다면 이는 민형사적으로 책임을 지게 되므로 조심해야 한다.

매도인은 매수인에게 계약해제 또는 취소에 대한 의사표시와 매수인과 정확한 결정이 되지 않은 상태에 제삼자에게 매도하게 되면 배임죄가 성립하게 된다.

　중도금 입금이 되면 매도인은 부동산의 온전한 물건 그 상태로 매수인에게 넘겨줘야 할 의무가 발생하는데, 이행이 어렵다면(이미 제삼자에게 매도할 시) 당연한 법적 책임이 따르게 된다. (2018.5.17. 선고 2017도4027 판결)

　따라서 중도금은 더 이상 계약금에 의한 계약해제가 불가능하게 되는 효과와 더불어 매도인에게 매수인에 대한 신임관계를 발생시켜 배임죄의 성립을 가능하게 하는 등 계약의 구속력을 확정 짓는 중요한 의미를 가지고 있다.

　지금처럼 아파트가 미분양이 속출하고 아파트 건설사의 마케팅 수단으로 또는 상가를 분양하기 위해 분양대행사에서 '중도금 무이자 대출'이라는 문구를 보았을 것이다. 사실 중도금 무이자라는 말은 거짓말이다. 분양가에는 이미 그 금융비용이 포함되어 있다는 것이다.

　아파트는 분양가 원가가 정확히 공개되지 않는 허점이 있기 때문에 분양가격이 정확히 땅값이 얼마이고 건축비가 얼마인지 그에 따른 가산비를 어떻게 얼마를 책정했는지 모른다. 그럴 줄 모르는 입주자들은 대출 규제와 금리 인상 속에 중도금대출 무이자라는 문구는 마음에 와 닿을 수 있다.

　또는 중도금 무이자 혜택을 준다는 미끼로 계약금 1,000만 원만 내면 아파트 입주 전까지 돈 들어갈 일이 없고 입주할 때쯤에는 아파트값이 오르니까 팔고 나오셔도 이득이라고 꼬시는 경우도 있다. 경기 김포시 고촌읍의 고촌센트럴자이와 경기 수원시 권선구 힐스테이트 수원파크포레의 경우가 그 일례다.

요즘 얼어붙은 부동산 경기에 아파트 건설사들이 계약률을 끌어올리기 위한 고육지책인데, 투자자들에게는 솔깃한 제안이겠지만 어떻게 왜 이런 조건들의 분양이 되는지 알아야 한다.

건설사 입장에서는 계약률이 무조건 좋아야 한다. 왜냐하면 그래야 자금 융통을 할 수가 있다. 분양률이 최소 70% 넘어야 잔금대출이 가능하고 무이자든 유이자든 집단 대출로도 전환할 수 있기 때문이다.

분양가 7억짜리 아파트에 중도금 60%라고 가정했을 때 4억 2,000만 원에 대한 2년 동안 5% 금리로 약 2,100만 원의 이자를 부담해야 한다. 거기에 발코니 무상확장, 잔금 납부 유예 등 많은 혜택을 준다. 건설사에겐 상당한 비용 부담이 있는 것이다. 이 비용을 1,000가구로 계산했을 때는 약 210억 원에 이자비용을 부담한다.

왜 이렇게까지 분양에 끌을 올려야 하나? 아파트 계약률을 높이고 분양률을 높여서 그 사람 명의로 은행 대출을 끌어와서 건설사는 그 돈으로 공사를 시작할 수 있는 것이다. 그럼에도 워낙 분양시장이 좋지 않다 보니 건설사가 유동성 문제로 중도금 대출을 해결하지 못하면 이 모든 부담이 계약자한테 돌아가는 문제가 생긴다. 최근 광주, 전남 중견 건설사인 한국건설이 대표적인 예다.

'중도금 무이자', '중도금 이자 후불제'는 이자 비용이 이미 분양 가격에 포함돼 있다는 사실을 기억하자!

9. 근저당권

계속된 거래로 발생하는 다수의 채권을 장래의 결산기에 일정한 한도액까지 담보하기 위해 부동산에 설정하는 저당권이다. 일반적으로 부동산에 사용되고, 등기부에 통상 110~130%까지 설정금액을 잡아놓는다. 이 금액을 '채권 최고액'이라고 한다.

예를 들어 5억짜리 아파트가 있다. 이걸 담보로 1억 대출을 받는다고 가정했을 때 1억을 은행으로부터 차용한 후 몇 개월 뒤 3천을 갚고, 다시 몇 개월 뒤 2천을 빌렸다면 약정기간 내 금액이 줄었다 늘었다 하는 것이 근저당권인 것이다. 그리고 1억을 빌렸으면 통상 아파트 등기부 을구를 확인해보면 채권 최고액이라고 12,000만 원이라고 표기된 걸 확인할 수 있을 것이다.

그리고 돈을 다 상환해서 변제했더라도 말소 등기를 하지 않으면 다시 언제든 대출 가능 범위 내에서 부대비용 없이 대출을 다시 일으킬 수 있다. 간단히 마이너스 통장 대출이라고 생각하면 쉽다.

순위번호	등기목적	접수	등기원인	권리자 및 기타사항
3	근저당권설정	2018년11월16일	2018년11월16일 추가설정계약	채권최고액 금455,000,000원 채무자 근저당권자 공동담보

10. 용적률

용적률은 대지면적에 대하여 지하층을 제외한 지상층 면적합계(연면적)의 비율이다. 쉽게 말해서 대지면적 대비 얼마나 높게 지을 수 있는지 알아보는 것이다.

예컨대 대지면적이 100m²이고, 지하층부터 지상 3층까지 층별 바닥면적이 50m²일 경우를 보자. 먼저 지하층 면적은 제외한 지상 1~3층 면적의 합은 50m² × 3 = 150m²이다. 따라서 용적률은 (지상층 면적 합/대지면적) × 100 = (150m²/100m²) × 100 = 150%가 된다.

요즘 주택 건축 시 1층을 주차장으로 사용하는 필로티, 공중의 통행로, 공동주택의 피로티, 승강기탑 / 계단탑 / 망루, 장식탑, 옥탑, 굴뚝, 물탱크, 기름탱크 및 기타 건축법에 정한 것들은 바닥면적에 산입하지 않는다(용적률에 포함되지 않는다는 의미다).

용적률이 갖는 경제적 가치는, 용적률은 건물을 새로 지을 때 수익성을 가름하는 중요한 요소 중 하나라고 할 수 있다.

예를 들어 100평에 용적률 300%를 적용해 건축면적 300평짜리 주택을 지었다고 하고 이 집을 남에게 전세 준다고 가정할 때, 임대료가 평당 500만 원이라면 15억 원(300평×500만 원)의 임대료 수입이 생긴다. 그러나 용적률이 200%라면 임대료 수입이 10억 원으로 줄어들게 된다. 물론 용적률이 300%일 때 건축비는 더 들어가겠지만 임대료 수입이 훨씬 많기 때문에 건축비를 충분히 뽑고도 남게 된다. 이 때문에 집이나 빌딩을 지으려는 사람들이 더 많은 용적률을 얻어내기 위해 안간힘을 쓰는 것이다.

　여기서 잠깐, 실전에서는 용적률을 계산하지 않는다. 왜? 지자체마다 건폐율과 용적률이 다르긴 하지만 이미 수치값이 정해져 있기 때문이다. 따라서 내가 100평 계획관리지역의 땅을 갖고 있다면 과연 몇 평으로 몇 층까지 올릴 수 있을까에 대해 고민을 하게 된다.

　용적률은 각 층의 바닥면적 / 대지면적 × 100이니까 100%(계획관리지역) = X/100 × 100이면 X = 100평이 된다. 즉, 각 층의 바닥면적이 합이 총 100평이 되면 된다.

11. 건폐율

　건폐율은 대지면적에 대한 건축면적의 비율이다.

　예를 들면, 대지가 100m²이고 건축면적이 60m²라면 건폐율은 60/100으로 60%가 된다. 나머지 40%는 공지인데, 현실적으로 40%의 공지를 느끼지 못한 경우가 많다. 이는 건축물을 인접 대지경계선에서 일정한 거리를 띄워야 하는 문제로 인하여 실제 느끼는 공지는 얼마 되지 않기 때문이다.

　건축면적은 건축물의 수평투영면적 중 가장 넓은 층의 면적이다. 그러나 이 또한 건축물의 형태가 복잡, 다양하여 처마나 차양, 주택의 발코니 등 외벽으로부터 튀어나온 것은 튀어나온 끝부분에서 1M를 제외한 나머지 부분만 건축면적으로 인정하고, 주택 외 건축물의 발코니는 전부 건축면적에 포함하도록 하고 있는 등 기타의 경우들이 있어 일반인이 쉽게 판단하기 어렵다.

여기서 잠깐, 실전에서는 용적률과 마찬가지로 건폐율을 계산하지 않는다. 바닥면적을 최대한 깔 수 있는 평수가 몇 평인지가 중요하다.

예를 들어 70평을 2종 일반주거지 땅에 집을 짓게 된다면 바닥면적의 최대는 몇 평일까? 건폐율은 건축면적/대지면적 × 100이니까 60%(1종 일반주거지 건폐율) = X/70평 × 100이면 X = 42평이 되는 것이다.

12. 연면적

하나의 건축물 각 층의 바닥면적 합계를 말한다. 단, 용적률을 산정할 때 제외되는 면적이 있다.

① 지하층의 면적

② 지상층의 주차용(해당 건물의 부속용도인 경우만)

③ 초고층 건축물과 준고층 건축물에 설치하는 피난안전구역의 면적

④ 건축물의 경사지붕 아래 설치하는 대피공간의 면적

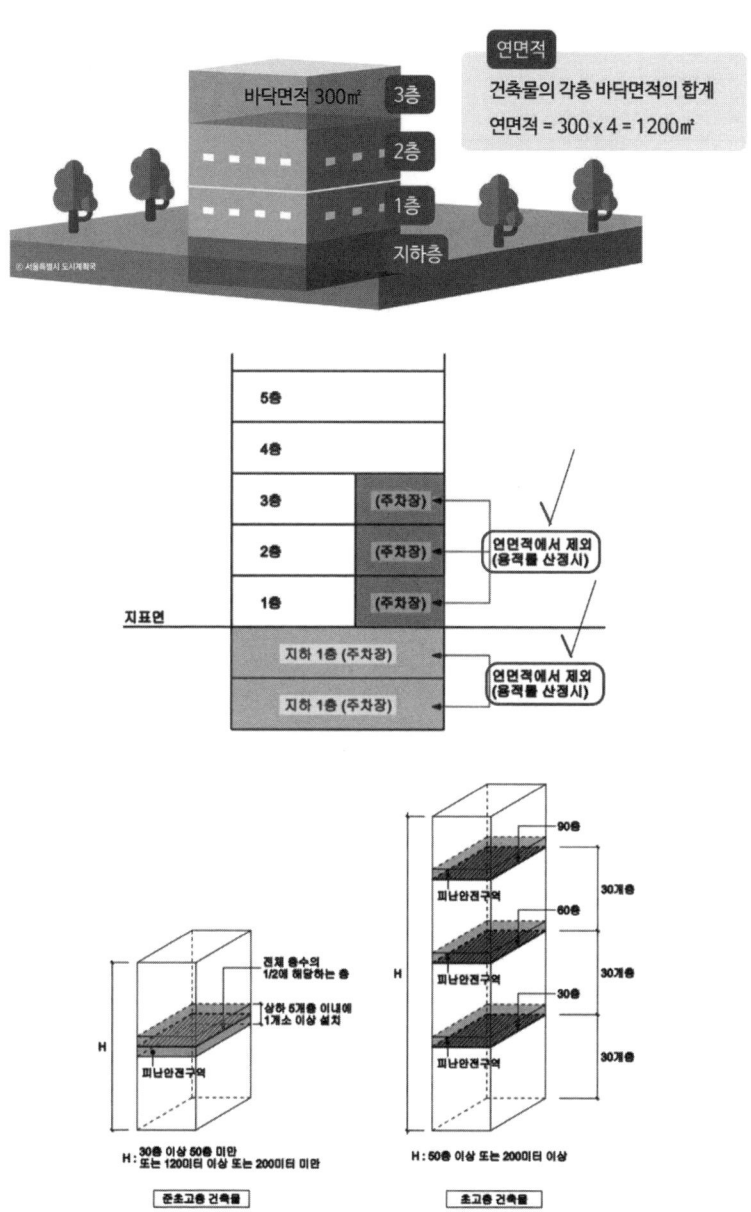

출처: 건알남의 비즈니스 라이프

13. 신축

건축물이 없는 대지에 새로 건축물을 건축하는 것을 말한다. 건축법상의 건축행위다. 기존 건축물이 철거되거나 멸실된 대지에 새로 건축물을 축조하는 경우를 포함한다. 다만, 부속 건축물만 있는 대지에 새로 건축물을 축조하는 것을 포함하되, 개축, 재축하는 것은 제외한다.

- 신축을 위한 건축 기본 절차

건축설계 ▶ 건축허가신청(건축설계도면 + 허가 신청서 첨부하여 구청민원실 또는 '세움터' 건축행정시스템으로 온라인 접수) ▶ 건축허가서 교부(신고필증교부) ▶ 착공신고(착공 신고필증 교부) ▶ 공사시공 ▶ 사용승인 신청 ▶ 사용승인서 교부

14. 증축

기존 건축물이 있는 대지에서 건축물의 건축면적, 연면적, 층수 또는 높이를 늘리는 것을 말한다. 여기서 높이가 포함되는 이유는 건축물 내부적으로 추후 층수를 늘려 면적이 증가할 가능성 때문이다. 건축물의 높이를 단순히 증가시키는 것도 가능하지만 하나의 대지 안에서 기존 건축물에 붙여서 또는 별도로 떨어져서 건축물을 축조하

는 것도 증축에 속한다.

15. 개축

기존 건축물의 전부 또는 일부(내력벽, 기둥, 보, 지붕틀 중 셋 이상이 포함되는 경우를 말한다)를 철거하고 그 대지에 종전과 같은 규모 범위에서 건축물을 다시 축조하는 것을 말한다.

16. 재축

건축물이 천재지변이나 그 밖의 재해로 멸실된 경우 그 대지에 다음과 같은 기준으로 다시 축조하는 것을 말한다.
① 연면적 합계는 종전 규모 이하로 할 것
② 동수, 층수 및 높이가 모두 종전 규모 이하일 것

17. 이전

건축물의 주요구조부를 해체하지 않고 같은 대지에서 다른 위치로 옮기는 것을 말한다.

18. 건축물 9개 시설군

시설군	용도별 건축물 종류	신고	허가
1. 자동차 관련 시설군	자동차 관련 시설		
2. 산업 등 시설군	운수, 창고, 공장, 묘지, 장례식장, 위험물저장 및 처리시설		
3. 전기통신 시설군	방송통신시설, 발전시설		
4. 문화 및 집회 시설군	문화집회, 종교, 위락, 관광휴게시설		
5. 영업 시설군	판매, 운동, 숙박, 제2종근생시설 중 다중생활시설		
6. 교육 및 복지 시설군	의료, 교육, 노유자, 수련, 야영장시설		
7. 근린생활 시설군	1종근생, 2종근생(다중생활시설 제외)		
8. 주거업무 시설군	단돋, 공동, 업무, 교정 및 군사시설		
9. 그 밖의 시설군	동물 및 관련 시설		

쉽게 얘기하면 2번 산업 등 시설군 용도에서 5번 영업 시설군으로 변경은 신고만 하면 가능하고 7번 근린생활 시설군에서 6번 교육 및 복지시설군으로의 변경은 허가 사항인 것이다.

19. 아파트 부대시설과 복리시설

부대시설은 주택에 딸린 시설 또는 설비를 말한다(주차장, 관리사무소, 담장 및 주택단지 내 도로). 그리고 복리시설은 주택단지 내 입주자 등의 생활복리를 위한 공동시설을 말한다(어린이 놀이터, 유치원, 커뮤니센터, 경로당 등).

20. 공시지가

공시지가는 크게 '표준지공시지가'와 '개별공시지가'로 구분되며 재산세와 종부세의 기준이 된다. 일반적으로 '표준지공시지가'는 국토교통부장관이 토지이용 상황이나 주변환경, 기타 자연적·사회적 조건이 일반적으로 유사하다고 인정되는 일단의 토지 중 대표할 수 있는 표준지를 선정하고 적정가격을 조사 및 평가하고 결정·공시한 매년 1월 1일 기준의 단위 면적당(m^2) 가격을 말한다.

즉, 아파트는 국토부장관이 매년 전수조사 가격을 조사하지만 전국의 땅을 전수조사한다는 건 불가능하다. 그래서 전 국토의 약 60만 필지를 대표하는 땅을 '표준지'로 선정하여 이 표준지로 가격조사를 한다.

'표준지공시지가'는 개별공시지가의 산정기준은 물론 국가·지방자치단체 등의 기관이 업무와 관련하여 지가를 산정하거나 감정평가업자가 개별적으로 토지를 감정 평가하는 경우에 그 기준으로 적용된다.

특히 공익사업에 편입되는 토지 보상 경우에도 개별공시지가가 아닌 표준지공시지가를 기준으로 감정평가가 이뤄지고, 이를 기준으로 보상액이 결정되기 때문에 이렇게 많은 시간과 비용을 들여 매년 표준지공시지가를 공시하는 것이다(표준공시지가 열람: www.molit. go.kr).

'개별공시지가'는 국토교통부장관이 매년 공시하는 표준지공시지가와 토지가격비준표를 기준으로 토지소재지 시장·군수·구청장이 관할구역 내 토지의 특성을 조사하고 그 특성을 표준지공시지가의 토지 특성과 비교하여 지가를 산정한 후 감정평가사의 검증과 토지소유자의 의견 수렴, 지방부동산평가위원회 심의를 거쳐 시장·군수·구청장이 결정·공시하는 개별토지의 단위 면적당(m^2) 가격을 말한다.

개별공시지가는 토지 관련 국세 및 지방세 부과 기준으로 활용됨은 물론 개발부담금 등 각종 부담금의 부과기준으로 쓰인다.

21. 기준시가

기준시가는 공시지가와 달리 토지 + 건축물까지 포함하여 가격을 산정하는데, 부동산을 사고팔 때 납부해야 하는 세금, 즉 양도 소득세나 상속, 증여세 등의 과세 기준이 되는 가격을 말한다. 보통은 실거래의 80%가 산정되어 있다(기준시가 열람: www.hometax.go.kr).

22. 가압류

금전채권을 보호하기 위한 보전처분으로 채무자가 집행을 피하려 자신의 재산을 몰래 처분하는 것을 대비해 해당 금전채권을 채무자의 책임재산으로 명명해 채권자를 보호하는 제도다. 부동산, 유체동산, 채권, 자동차 가압류 등이 있다.

부동산 가압류	건물, 토지 등을 처분할 수 없도록 하는 절차로 등기부에 기재함으로써 효력이 발생한다.
유체동산 가압류	TV, 냉장고, 집기 등을 처분할 수 없도록 하는 절차다.
채권 가압류	다른 사람에게 받을 돈(급여, 전세금, 예금 등)을 받지 못하도록 하는 절차다.
자동차 가압류	승용차, 트럭, 버스 등을 처분할 수 없도록 하는 절차인데, 차량 등록원부에 기입함으로써 효력이 발생한다.

요컨대 가압류는 임시로 해놓은 것이다. 따라서 받을 돈이 있는데 주지 않아 채무자의 부동산을 처분금지나 제한을 걸어두고 순위를 보전하기 위해 하는 것이다. 그래서 가압류만으로는 채권이 회수가 안 되기 때문에 결국 본안 소송까지 해서 지급명령이나 결정문, 판결

문을 받아야 하고, 이 결정문으로 경매 신청을 해야 결국 경매를 통한 채권 회수를 하는 것이다.

당장 채권 회수가 되지 않는데, 왜 가압류를 해야 할까? 가압류를 진행하면 채권 소멸시효가 중단되고(채권은 공사대금 3년, 현금 차용 시 10년 등 그 기간이 넘으면 청구권이 소멸되지만 가압류를 하는 순간 그 기간이 멈춘다) 채무자에게 압박하는 효과가 있다.

가압류를 하지 않았을 경우, 소송에서 승소하여도 채무자가 미리 재산을 처분한 경우 채권자는 소송 이후 강제집행을 할 수 없어 소송의 실익을 상실할 수 있다. 다른 사람으로 소유권이 넘어가면 영영 돈을 못 받을 수 있기 때문에 돈을 회수하기 위한 처음 해야 할 안전장치인 것이다.

23. 가처분

채권자가 금전채권이 아닌 특정 계쟁물에 관하여 청구권을 가지고 있을 때 본안판결이 확정되어 그 강제집행 시까지 방치하면 그 계쟁물이 처분되거나 멸실되는 등 법률적 사실적 변경이 생기는 것을 방지하고자 판결받기 전에 그 계쟁물의 현상변경을 금지시키는 집행보전제도다.

가처분의 다양성으로 인하여 가처분의 형식도 일정하지 않으나, 일반적으로는 처분행위를 금지하는 '처분금지가처분'과 점유이전행위를 금지하는 '점유이전금지가처분'이 있다.

처분금지가처분은 목적물에 대한 채무자의 소유권 이전, 저당권, 전세권, 임차권 설정 등 처분행위를 금지하여 그 이후 채무자로부터 부동산을 양수한 자에게 대항하기 위한 절차다.

점유이전금지가처분은 부동산에 대한 인도·명도청구권을 보전하기 위하여 채무자가 목적 부동산에 대하여 인적, 물적 현상을 변경시키는 행위를 금지하도록 하기 위한 절차다.

당사자 간에 현재 다툼이 있는 권리관계 또는 법률관계가 존재하고 그에 대한 확정판결이 있기까지 현상의 진행을 그대로 방치한다면 권리자가 현저한 손해를 입거나 목적을 달성하기 어려운 경우에 잠정적으로 임시의 조치를 행하는 보전제도로, 예컨대 건물의 명도청구권을 본안의 권리로 가지고 있는 자에게 임시로 그 건물 점유자의 지위를 준다든지, 해고의 무효를 주장하는 자에게 임금의 계속 지급을 명하는 따위의 임시 지위를 정하는 단행적 가처분도 할 수 있다. 즉, 가처분은 금전채권 이외로 청구권 집행 보전을 위해 임시적으로 조치하는 보전처분제도인 것이다.

참고로, 금전채권을 원인으로 하면 '가압류'이고, 금전채권 외의 권리를 원인으로 하면 '가처분'이다.

24. 소유권보존등기

　사람도 태어나면 출생등록을 해야 하듯, 부동산도 새로 지어진 건물이나 분양아파트 또는 토지가 수용이나 개발이 되어 다른 용도로 바뀌어 지번이 새롭게 나오는 경우에는 모두 사업주체자가 소유권보존등기를 해야 한다. 즉, 새로 지어진 부동산에 대해서 미등기 상태에서 처음으로 등기부등본에 등기가 만들어지는 작업이다.

　분양 아파트의 경우 사용승인 또는 준공과 동시에 잔금을 치르고 바로 수분양자가 입주를 시작하게 되지만 바로 등기를 할 수가 없다. 왜냐하면 보통 준공 후 30~60일 이내로 소유권보존등기 기간이 되어 있기 때문에 이 시기는 소유권 자체가 잔금을 치렀음에도 권리가 떠 있는 시기인 것이다.

　이때 주의할 점이 있다. 잔금일로부터 60일 이내 취득세를 납부해야 하기 때문에 소유권 보존등기가 늦어진다고 취득세 납부와 등기를 동시에 염두에 두고 있다가 취득세 지연 가산세를 납부할 수도 있으니 유의해야 한다.

　예를 들어 4월 5일부터 입주 시작인데 이때 잔금을 치르고 입주를 하게 되었다. 그리고 보존등기는 6월 15날 완료가 되었다면 개인 소유권이전 등기는 이날부터 가능하게 된다. 하지만 이미 취득세 납부기한 6월 5일이 지났기 때문에 10일에 대한 가산세가 부과되는 것이다.

　취득세는 먼저 납부하고 등기는 법무사를 통하거나 셀프로 해도 되니까 꼭 명심해야 하자.

• 취득세 납부기한
사용승인일이 잔금일보다 빠른 세대: 사용승인일 기준 60일
잔금일이 사용승인일보다 빠른 세대: 잔금일 기준 60일

• 소유권이전등기 기한
보존등기일보다 잔금일이 빠른 세대: 보존등기일 기준 60일
잔금일보다 보존등기일이 빠른 세대: 잔금일 기준 60일
즉, 사용승인과 잔금일 / 보존등기와 잔금일 중 중 빠른 날을 기준으로 60일이다.

• 팁
① 취득세 신고와 납부는 위텍스(www.wetax.go.kr)로 가능한데, 신용카드 사용자라면 무이자 할부 혜택을 이용할 수 있다. 최장 6개월까지(카드사마다 다름) 가능하다.
② 취득세도 감면받을 수 있다. 대상은 장애인, 국가유공자, 국가보훈대상자, 신용회복위원회의 채무조정을 받은 자, 공익사업에 의한 취득자, 재개발 및 재건축 사업에 참여한 자, 미분양주택구입자, 저소득층 주택구입자 등이다. 지방세법 시행령 별표1에 구체적으로 정해져 있으니 참고하면 된다(지자체마다 다를 수 있으니 참고).

③ 취득세 감면 조건은 취득세 감면 대상에 따라 다르게 적용된다. 지방세법 시행령 별표2에 구체적으로 정해져 있다. 예를 들어 장애인이 취득세 감면을 받으려면 다음과 같은 조건을 만족해야 한다.
- 장애인 본인이 취득한 토지나 건축물이 장애인 본인의 주거용으로 사용하는 경우
- 취득한 토지나 건축물의 면적이 $66m^2$ 이하인 경우
- 취득한 토지나 건축물의 가액이 3억 이하인 경우
- 취득한 토지나 건축물이 장애인 본인의 명의로 등기되어 있는 경우
- 취득한 토지나 건축물을 취득한 날로부터 5년 이내에 양도하지 않는 경우

25. 배란다 / 발코니 / 테라스

① 베란다는 건물의 1, 2층의 면적차로 생긴 바닥 중의 일부 공간을 활용하고자 하여 생긴 공간이다. 베란다는 발코니와 자주 혼용되고 있지만, 엄연히 따지면 다른 부분이다.

1층 면적이 넓고 2층 면적이 좁을 경우 1층의 지붕 부분이 남게 되는데, 이곳을 활용한 게 베란다이다. 즉, 아래층 지붕을 이용한 것이

베란다이고, 이와 구별되는 발코니는 바닥이 아래층의 지붕이 아니다.

여름에는 시원하게 할 수 있는 테라스 형식과 위층 부분이나 창 앞에 넓게 내밀어 꾸민 바닥으로 위층에서 출입할 수 있는 발코니 형식이 있다. 이것은 한국주택의 정원에 면한 툇마루의 기능을 하며 휴식·일광욕 등을 위해서 설치되기도 한다.

참고로, 발코니 확장은 합법이고, 베란다 확장은 위법이다.

② 발코니는 건축물의 내부와 외부를 연결하는 완충공간으로, 전망이나 휴식의 목적으로 건축물 외벽에 접하여 부가적으로 설치되는 공간을 말한다. 이 경우 주택에 설치되는 발코니는 국토부장관이 정하는 기준에 적합한 거실, 침실, 창고 등의 용도로 사용할 수 있다. 지붕이 없고 난간을 둘러쳐진 것으로, 보통 2층 이상에 설치한다.

건물의 외관상으로 볼 때는 장식적 요소가 되며, 옛날에는 권력자가 군중 앞에 모습을 나타내는 최적의 장소가 되었다. 근래에 와서, 전용 정원이 없는 아파트 건축에서는 바깥공기와 접하는 유일한 장소가 되고 있다. 즉, 거실의 연장으로서의 리빙 발코니는 유아의 놀이터, 일광욕, 휴식과 전망을 위한 공간으로, 부엌에 연결되는 서비스 발코니는 주방의 보조공간 등으로 널리 사용되고 있다. 또 식물의 재배 등으로 생활에 윤기를 주기도 한다.

난간은 대개 통풍, 채광 등을 고려하여 쇠파이프나 주름철망 등으로 만들지만 남의 시선을 가려 프라이버시를 지키기 위해서 벽체로 하는 경우도 있다. 난간의 높이는 안전상 1.1m 이상으로 하는 것이 좋다. 배수가 잘되고 오수가 아래층으로 흘러내리지 않도록 시공해야 한다. 주거뿐만 아니라 극장의 2층 이상의 좌석, 큰 배의 선미, 사무실, 병원 등 이와 비슷한 구조도 발코니라고 한다.

③ 테라스는 거실이나 식당 등에서 직접 나갈 수도 있고 실내의 생활을 옥외로 연장하여 의자 등을 놓고 가족 모임, 어린이 놀이터, 일광욕 등을 할 수 있는 장소로 쓰인다. 일반적으로 지붕은 없으나 담쟁이 따위로 덮어 그늘을 만들어 여름철 직사광선을 막는다. 바닥높이는 건물바닥과 지면을 고려하여 정하는데, 일반적으로 실내 바닥보다 20cm 정도 낮게 한다.

테라스의 용도는 옥외실로 이용, 건물의 안정감이나 정원과의 조화, 정원이나 풍경의 관상 등을 들 수 있다. 바닥은 타일이나 벽돌, 콘크리트 블록 등으로 만드는 것이 보통이나 돌을 깔거나 간단하게 콘크리트포장이나 인조석을 깔기도 하며 잔디를 심기도 한다.

출처: 영쩜구미터

26. 기입등기, 변경등기, 경정등기, 말소등기, 멸실등기

① 기입등기: 새로운 등기원인에 기하여 어떤 사항을 등기사항 증명서에 새로이 기입하는 등기다. 소유권보존등기, 소유권이전등기, 근저당권설정등기 등이 있다.

② 변경등기: 어떤 등기가 행하여진 후에 등기된 사항에 변경이 생겨서 변경사항을 기재하는 등기다. 소유권변경등기, 근저당권변경등기, 등기명의인표시변경등기 등이 있다.

등기명의인표시변경등기 예시

[갑 구]				
순위번호	등기목적	접수	등기원인	권리자 및 기타사항
1	소유권이전	2000년 1월 1일	2000년 1월 1일 매매	소유자 홍길동 190101-1111111 수원시 장안구 조원동 888 (변경 전 : 지번주소)
1-1	1번등기명의인 표시변경	2020년 1월 1일	2020년 1월 1일 도로명주소	소유자 홍길동 190101-1111111 수원시 장안구 송원로 101 (변경 후 : 도로명주소)

근저당 금액이 감액된 경우의 변경등기 예시

【 을 구 】			(소유권 이외의 권리에 관한 사항)	
순위번호	등 기 목 적	접 수	등 기 원 인	권 리 자 및 기 타 사 항
1	근저당권설정	2018년2월2일 제100호	2018년2월1일 설정계약	채권최고액 금100,000,000원 채무자 김갑동 서울특별시 서초구 0000 근저당권자 김을동 서울특별시 송파구 0000
1-1	1번근저당권 변경	2019년2월2일 제100호	2019년2월1일 변경계약	채권최고액 금60,000,000원

③ 경정등기: 이미 행해진 등기에 대하여 그 절차에 착오가 있어 잘못 기재된 경우 바로 잡기 위해 하는 등기다. 소유권경정등기, 근저당권경정등기, 등기명의인표시경정등기 등이 있다.

[갑 구]			(소유권에 관한 사항)	
순위번호	등기목적	접 수	등기원인	권리자 및 기타사항
3	소유권이전	2003년3월5일 제3500호	2003년1월10일 매매	
3-1	3번소유권경정	2003년8월10일 제5350호	신청착오(착오발견)	

출처: 나의부동산일기

④ 말소등기: 이미 등기된 사항을 법률적으로 소멸시키기 위해 하는 등기다. 근저당권말소등기, 전세권말소등기 등이 있다.

[집합건물] 경상남도 김해시

【 을 구 】			(소유권 이외의 권리에 관한 사항)	
순위번호	등기목적	접 수	등기원인	권리자 및 기타사항
1	근저당권설정	2016년2월12일	2016년2월12일 설정계약	채권최고액 금77,000,000원
2	1번근저당권설정등기말소	2020년3월16일	2020년3월13일 해지	

-- 이 하 여 백 --

관할등기소 창원지방법원 김해등기소

⑤ 회복등기: 기존 등기가 부당하게 소멸된 경우 이를 부활하는 등기다. 근저당권말소회복등기, 전세권말소회복등기 등이 있다.

6 (전3)	5번소유권이전등기말소	1992년3월7일 제2101호	1992년3월7일 합의해제	소유권이전등기 말소회복등기를 위하여 순위 제6번 등기를 서울특별시 종로구 청운동 2로부터 이기 2015년5월16일 등기
7	5번소유권이전등기회복	2015년5월16일 제12347호	2015년5월2일 확정판결	
5 (전2)	소유권이전	1992년2월4일 제1002호	1992년1월4일 매매	말소회복등기를 위하여 순위 제5번 등기를 서울특별시 종로구 청운동 2로부터 이기 2015년5월16일 등기

27. 가등기

본등기를 하는 데 필요한 형식적 요인이나 실질적 요건이 구비되지 않았을 때, 순위를 지키기 위해 임시로 미리 해두는 등기를 말한다. 가등기를 본등기로 이전하게 되면 가등기 이후에 발생된 모든 등기원인은 자동으로 소멸한다. 소유권, 지상권, 지역권, 전세권, 저당권, 권리질권, 임차권 등에 대하여 가등기를 할 수 있다.

가등기의 중요 사항은 다음과 같다.

① 본등기를 하지 않고 가등기 상태로는 실체법상 아무런 효력을

갖지 못한다. 즉, 본등기를 완료해야 가등기 이후에 설정된 근저당, 가압류 등 권리관계가 정리된다는 뜻이다.

② 담보가등기는 담보계약을 이행하지 않을 경우 경매를 청구할 수 있는데, 다른 권리자들과 우선순위를 따져서 배당을 받게 된다.

③ 경매로 받을 경우 소유권이전청구권 가등기가 설정되어 있다면 주의해야 한다. 낙찰 후 가등기권자가 본등기를 할 경우 낙찰자는 상당한 손해를 볼 수도 있기 때문이다.

④ 가등기의 소멸시효는 10년이며, 소송을 통해 말소할 수 있다.

⑤ 채무가 많은 사람이 본인의 부동산에 친인척 명의로 가등기를 하는 것은 채무면탈 행위가 되므로 강제집행 면탈죄와 사해행위 취소소송을 당할 수 있으니 유의해야 한다.

등기부등본의 가등기 설정 예

【갑 구】 (소유권에 관한 사항)				
순위 번호	등기 목적	접수	등기 원인	권리자 및 기타 사항
3	소유권이전 청구권 가등기	2013년 02월 27일 제3389호	2013년 02월 26일 매매 예약	가등기권자 김○○ 서울 관악구 남현동○○-○ ○○ 빌리지 에이-402

28. 용도지역 / 용도지구 / 용도구역

① 용도지역: 토지의 이용 및 건축물의 용도, 건폐율, 용적률, 높이 등을 제한함으로써 토지를 경제적, 효율적으로 이용하고 공공

복리의 증진을 도모하고자 서로 중복되지 아니하게 도시·군관리계획으로 결정하는 지역을 말한다.

국토교통부장관 또는 시·도지사, 대도시 시장은 대통령령으로 정하는 바에 따라 용도지역을 도시·군관리계획 결정으로 다시 세분하여 지정하거나 이를 변경할 수도 있다.

용도지역			건폐율	용적률
도시지역	주거지역	제1종 전용주거지역	50%	50~100%
		제2종 전용주거지역	50%	100~150%
		제1종 일반주거지역	60%	100~150%
		제2종 일반주거지역	60%	150~250%
		제3종 일반주거지역	50%	200~300%
		준주거지역	70%	200~500%
	상업지역	중심상업지역	90%	400~1500%
		일반상업지역	80%	300~1300%
		근린상업지역	70%	200~900%
		유통상업지역	80%	200~1100%
	공업지역	전용공업지역	70%	150~300%
		일반공업지역	70%	200~350%
		준공업지역	70%	200~400%
	녹지지역	보전녹지지역	20%	50~80%
		생산녹지지역	20%	50~100%
		자연녹지지역	20%	50~100%
관리지역	-	보전관리지역	20%	50~80%
		생산관리지역	20%	50~80%
		계획관리지역	40%	50~100%

② 용도지구: 토지의 이용 및 건축물의 용도, 건폐율, 용적률, 높이 등에 대한 용도지역의 제한을 강화하거나 완화하여 적용함으로써 용도지역의 기능을 증진하고 미관, 경관, 안전 등을 도모하고자 도시·군관리계획으로 결정하는 지역을 말한다. 용도지역에 중첩하여 지정할 수 있기에 대체로 지정 규모는 용도지역보다 작다.

③ 용도구역: 토지의 이용 및 건축물의 용도, 건폐율, 용적률, 높이 등에 대한 용도지역 및 용도지구의 제한을 강화하거나 완화하여 따로 정함으로써 시가지의 무질서한 확산 방지, 계획적이고 단계적인 토지 이용을 도모, 토지 이용의 종합적 조정, 관리 등을 위하여 도시·군관리계획으로 결정하는 지역을 말한다.

용도지역의 세분화와 특성

용도지역	세분	특성
주거지역	전용주거지역	고급주택단지나 타운하우스, 단독주택으로 많이 활용, 주거용도외 활용 가치 적음
	일반주거지역	일반주택, 아파트로 적합한 지역이고 주변 편의시설이 따라 상권이 형성되는 특성이 있음
	준주거지역	주거기능에 엄무, 상업기능을 보완한 지역으로 용적률이 주거지 중에 높아 수익화 좋음
상업지역	중심상업지역	명동처럼 비싼 땅으로, 우리의 투자 대상이 아님
	일반상업지역	준주거지와 유통상업지에 가까운 곳에 만들어지기 때문에 대중교통이나 이마트등 편의 시설이 많이 분포되어 있음

용도지역	세분	특성
상업지역	근린상업지역	근린지역에서 일용품 및 서비스 공급을 위해 필요한 지역
	유통상업지역	이마트나 농협하나로마트 등 대형 유통을 위한 용도임. 대기업등 기업들 위주로 매매가 되고 있음
공업지역	전용공업지역	일면 산업단지 중 중화학공업을 다루는 지역 투자성 있는 용도는 아님
	일반공업지역	벤처나 환경을 저해하지 않는 업종이 들어옴
	준공업지역	문래역, 영등포구청역, 가산디지털단지역 등 일대가 준공업지역임. 인근 주거, 상업, 업무기능의 보완한 시설 등이 함께 필요함
녹지지역	자연녹지지역	도시 녹지공간의 확보와 도시 확산의 방지, 장래 도시용지의 공급 등을 위해 보전할 필요가 있는 지역임. 불가피한 경우 제한적인 개발됨
	생산녹지지역	주로 농업적 생산을 위해 개발을 유보할 필요가 있는 지역에 지정함
	보전녹지지역	도시의 자연환경, 산림 녹지공간을 보전할 필요가 있는 지역으로, 개발이 어려움
관리지역	계획관리지역	도시로의 편입이 예상되는 지역으로, 음식점, 숙박, 편의시설, 콘도 등 인기가 많아 투자가치가 높음
	생산관리지역	단독주택이나 농업, 어업, 생산 등을 위한 관리가 필요할 때 지정함
	보전관리지역	관리지역 중 개발이 어렵고 자연환경보호 등으로 보전이 필요한 지역이기에 투자가치 낮음
농림지역		농사 지을 거 아니면 투자하지 말 것
자연환경보전지역		죽어서 자식한테 물려줘도 골치 아픔

29. 주택임대차보호법(주임법)

가. 목적
이 법은 주거용 건물의 임대차(賃貸借)에 관하여 「민법」에 대한 특례를 규정함으로써 국민 주거생활의 안정을 보장함을 목적으로 한다.

나. 적용범위
- 임대차 주택이 주택이면 주임법 전부 적용된다.
- 실제 용도 기준으로 판단한다(공부상과 상이해도 실제 기준임).
- 미등기, 무허가 주택도 적용된다.
- 주거용건물의 전부에 해한 임대차뿐만 아니라 일부의 임대차에 대해서도 적용된다.
- 기준은 임대차계약 체결할 당시부터다.
- 보증금을 초과해도 적용된다.
- 겸용 건물에 대해, 일부를 비주거용으로 사용하는 경우 주된 용도가 주거용이면 적용되고, 비주거용 건물의 일부를 주거용으로 사용하는 경우 주된 용도가 주거용이 아니면 적용 안 된다.
- 일시 사용 임대차인 경우에는 적용 안 된다.
- 법인에 대해서는 적용 안 된다. 반면 LH, 지방공사, 중소기업 법인에 대해서는 적용된다. 예컨대 지방공사 소속 직원의 주거용으로 주택을 임차한 후 그 직원이 주택을 인도받고 주민등록을 마쳤을 때는 주임법이 적용된다.

다. 존속기간
- 임대차계약기간 정함이 없거나 2년 미만 시 임차인 2년 주장 가능하다.
- 1년 시 임차인 2년 주장 또는 1년 주장 가능하다.
- 2년 시 임차인 2년 주장은 가능하지만 1년 주장은 불가하다. 임대차 기간이 끝난 경우, 임차인이 보증금을 반환받을 때까지는 임대차관계가 존속되는 것으로 본다.

라. 계약갱신
- 임대인은 계약종료 전 6개월~2개월 전에 통지해야 한다.
- 임차인은 계약종료 전 2개월 전에 통지해야 한다.

마. 묵시적 갱신(법정갱신)
- 임대인이 계약갱신 여부를 통지하지 않으면 임차인은 2년 주장이 가능하고, 또는 언제든 해지 통지를 할 수 있다(이 경우 3개월 후 해지 효력이 발생함).
- 위의 경우는 전 임대차와 동일한 조건으로 임대차한 것으로 본다. 그러나 존속기간은 전 임대차와 동일한 기간이 아니라 2년으로 본다. 즉, 3년으로 임대차 계약했다가 묵시적 갱신이 되면 3년이 아닌, 2년으로 본다.
- 법적갱신이 제외되는 사유로, 2기의 차임이 연체되거나 임차인으로서 의무를 현저히 위반한 경우에는 갱신되지 않는다.

바. 차임 등의 증감청구권

- 계약기간이 도달되어 차임을 증가할 때는 환산보증금 5%를 초과할 수 없다. 단, 임차인의 약정과 동의가 있어 특약으로 합의한 때는 그러하지 아니한다.
- 증액이 발생한 후 1년 이내 다시 증액할 수 없다.

환산보증금 팁

예를 들어 5천/100만 원에 월세를 살고 있다가 보증금은 동결하고 월세를 5% 인상 금액을 받고 싶다면【(5천 + (100만 원 × 100)) × 5%】÷ 100 = 75,000원을 받을 수 있다. 계산하는 방식은 조금씩 다르다. 월세에서 5%만 적용하는 경우도 있기에 내가 유리한 쪽으로 선택하여 적용하는 것이 맞다. 랜트홈(www.renthome.go.kr)에서 월세 환산 조회가 가능하니 참고하자.

사. 대항력

- 임대차는 그 등기를 하지 않더라도 임차인이 주택을 인도받고 주소 이전(주민등록)을 마친 때에는 다음 날 0시부터 제삼자에게 효력이 생긴다. 예컨대 금요일 임대, 매매계약을 체결할 시 주의 할 점은 주인이 잔금을 받기 전이든 잔금을 받은 후든 은행에 대출신청을 하게 되면 선순위가 은행이 될 수 있다. 왜냐하면 임차인의 대항력은 다음날 0시부터 효력이 생기기 때문에 시간차 발생으로 은행보다 뒤로 밀릴 수 있는 것이다. 그래서 특약으로 '대항력을 갖추기 전에 선

순위 및 기타 제한 물건이 있을 시 이 계약은 즉시 무효로 한다'라는 문구로 안전장치를 만들어둬야 한다.
- 주택의 소유자가 변경된 경우, 임차인이 새로운 소유자에게 남은 기간 동안 사용, 수익 주장의 대항을 할 수 있다. 이때 보증금 반환의 책임은 새로운 소유자가 의무를 부담한다.
- 임차인이 주택 인도와 주민등록과 함께 대항요건을 갖췄더라도 후순위권리자(이후에 들어오는 다른 세입자) 및 기타채권자에 대한 대항력을 취득하는것이지 선순위권리자(거의 근저당권자는 은행임)에게는 대항할 수 없다. 따라서 경매 시 임차인은 경락인에게 대항할 수 없다.
- 주택인도 및 주민등록은 대항력의 취득요건이면서 존속요건이다. 즉, 유지해야만 대항력이 인정된다는 것이다.

아. 우선변제권
- 경매 시에만 적용되는 권리다.
- 후순위(다른 세입자) 권리자 및 기타 채권자보다 우선한다.
- 선순위(은행)보다 우선할 수 없다.
- 주택의 인도 + 주민등록 + 확정일자를 갖춰야 한다.
- 경매 개시 후 배당요구 종기까지 배당요구 신청을 해야 한다.

자. 최우선변제권
- 소액임차인을 보호하는 것이고 보증금 중 일정액에 대해서 우선 변

제하는 것이며 선순위(은행) 및 다른 담보 물권자보다 우선 변제받을 수 있는 권리다.
- 보증금액이 일정액 이하여야 한다.
- 경매신청등기(경매개시결정기입등기) 전까지는 최소한 주택 인도 및 주민등록을 마쳐야 한다. 즉, 대항요건이 있어야 한다.
- 확정일자까지는 필요 없다.
- 배당요구 채권이기 때문에 배당요구 신청을 해야 받을 수 있다.

소액임차인 기준 범위 금액

기준	기준금액
서울시	1억 6천500만 원
「수도권정비계획법」에 따른 과밀억제권역(서울특별시 제외), 세종특별자치시, 용인시, 화성시 및 김포시	1억 4천500만 원 이하
광역시(「수도권정비계획법」에 따른 과밀억제권역에 포함된 지역과 군지역 제외), 안산시, 광주시, 파주시, 이천시 및 평택시	8천500만 원 이하
그 밖의 지역	7천500만 원 이하

소액임차인 우선변제금액

기준	우선변제금액
서울시	최대 5천500만 원
「수도권정비계획법」에 따른 과밀억제권역(서울특별시 제외), 세종특별자치시, 용인시, 화성시 및 김포시	최대 4천800만 원
광역시(「수도권정비계획법」에 따른 과밀억제권역에 포함된 지역과 군지역 제외), 안산시, 광주시, 파주시, 이천시 및 평택시	최대 2천800만 원
그 밖의 지역	최대 2천500만 원

차. 임차권등기명령

- 임대차가 종료된 후 보증금에 대해서 반환받지 못한 임차인이 임차 주택 주소지 관할 지방법원(임대인 주소지가 아님)에 임차권등기명령을 신청할 수 있다.
- 임차권등기와 관련하여 소요된 비용을 임대인에게 청구할 수 있다.
- 임차권등기가 되면 임차인은 대항력 및 우선변제권을 취득한다.
- 임차권등기가 끝난 주택 이후에 임차한 소액임차인인 경우에도 최우선변제를 받을 권리가 없다. 따라서 새로운 임차인의 대항력과 최우선 변제가 없기 때문에 임대인은 임대하려면 전임차인에게 보증금을 반환해야 한다.
- 배당요구채권이 아니기 때문에 경매개시결정등기 전까지 임차권등기 되어 있으면 배당받을 수 있다.
- 임차권등기가 된 것을 확인한 연후에 이사를 나가야 한다. 무슨 말이냐면, 결정받자마자 이사를 나가면 안 된다! 넉넉잡고 보름쯤 후에 등기사항증명서를 확인해봐야 한다.
- 임대인에게 지연되는 보증금에 대해서 공증을 받아놔야 나중에 공증증서를 집행권원으로 임차인은 언제든지 해당 주택을 경매 절차를 진행할 수 있다. 임차권등기만으로는 집행권원이 없기 때문에 바로 경매를 집행할 수 없다.

임차권등기 예시

【 을　　구 】	(소유권 이외의 권리에 관한 사항)			
순위번호	등 기 목 적	접　수	등 기 원 인	권리자 및 기타사항
1	주택임차권	2023년8월1일 제	2023년7월31일 수원지방법원의 임차권등기명령 (2023카임)	임차보증금　금230,000,000원 범　위　전유부분 전부 임대차계약일자　2021년8월26일 주민등록일자　2021년10월26일 점유개시일자　2021년10월24일 확정일자　2021년9월1일 임차권자　　　　　-*******

30. 상가건물임대차보호법(상임법)

- 상가건물의 임대차에 대해 적용한다. 사업자등록의 대상이 되는 건물이어야 하며 주된 용도가 영업용으로 사용해야 한다.
- 환산보증금액을 초과하는 임대차는 상임법이 적용되지 않는다.
- 일시 사용 임대차는 적용되지 않는다.
- 미등기건물의 전세 계약은 적용된다.
- 기간을 정하지 않거나 1년 미만으로 정한 임대차는 그 기간을 1년으로 본다.
- 기간을 6개월로 약정했다면 임차인은 1년 또는 6개월 둘 다 주장할 수도 있다.
- 임대인은 임차인이 임대차기간 만료되기 6개월 전부터 1개월 전까지 사이에 계약갱신을 요구할 경우 정당한 사유 없이 거절하지 못한다.
- 임차인이 3기의 차임을 연체한 경우 임차인의 갱신 요구를 거절할

수 있다.

여기서 3기란 횟수가 아니라 금액이다. 예컨대 월세 100만 원을 받는데 첫 달 50만 원 입금, 둘째 달 50만 원 입금, 셋째 달 50만원 입금, 넷째 달 100만 원 입금, 다섯째 달 입금 안 함, 여섯째 달 50만 원 입금, 일곱째 달 150만 원 입금했다면 총 300만 원이 입금되지 않은 달에 해지 통지를 할 수 있다. 즉, 6개월째 해지 통지를 임차인에게 할 수 있다.

- 임대인 동의 없이 전대를 한 경우, 임대인에 대해 배신행위를 한 것이므로 임차인의 계약갱신 청구를 거절할 수 있다.
- 갱신된 임대차는 전 임대차와 동일한 조건으로 다시 계약된 것으로 본다. 그러나 존속기간은 전 임대차와 동일한 기간이 아닌, 1년으로 본다.
- 차임 등의 증액 청구는 5%를 초과할 수 없다.
- 감액은 임차인한테 유리하므로 제한이 없다.
- 약정한 차임 등의 증액이 있은 후 1년 이내는 하지 못한다.
- 임대인이 임대차 기간이 만료되기 6개월~1개월 전까지 계약갱신 통지를 하지 않았을 때 임차인은 언제든지 임대인에게 계약해지 통지를 할 수 있다. 이 경우 임대인이 그 통지를 받은 날로부터 3개월이 지나면 임대차는 해지된다.
- 임대차는 그 등기가 없는 경우에도 임차인이 건물의 인도와 사업자등록을 신청하면(사업자등록증을 교부받은 날이 아님) 그다음 날부터 효력이 제삼자에게 대항력이 발생한다.

- 대항 요건을 갖춘 경우, 선수위 권리자에게는 대항할 수 없고 후순위 권리자 및 기타 채권자에 대해서 대항력을 갖는다.
- 권리금 회수보호기회 보호는 임대차기간이 끝나기 6개월 전부터 임대차 종료 시까지 임대인은 신규임차인이 되려는 자로부터 권리금을 지급받는 것을 방해하거나 그 권리금을 받아서는 안 된다. 또한 시세에 비해 과도한 보증금이나 월세를 요구할 경우도 안 된다.

환산보증금 범위

지역	보증금액 한도
서울시	9억 원
과밀억제권역(서울특별시 제외), 부산광역시	6억 9천만 원
광역시(과밀억제권역에 포함된 지역과 군지역, 부산광역시 제외), 세종특별자치시, 파주시, 화성시, 안산시, 용인시, 김포시 및 광주시	5억 4천만 원
그 밖의 지역	3억 7천만 원

재개발과 재건축에 대한 고찰

　재개발구역 내의 토지나 주택을 매입하여 조합원 자격을 취득한 후 아파트를 분양받으면 청약통장이 필요하지 않다. 그러나 현재는 인건비, 공사비, 건축자재비 등이 과도하게 상승하여 사업 진행이 더딜 요인이 많고, 그로 인해 자금이 장기간 묶일 가능성 또한 크다.

　실제로 재개발·재건축 투자는 상당한 시간이 소요되는 사업으로, 그 과정에서 조합 간의 갈등이나 시공사의 문제로 인해 시간과 비용의 추가 발생 위험이 매우 크다. 경우에 따라 조합이 해산되거나 시공사가 교체되며, 심지어 사업 자체가 무산될 수도 있다.

　무엇보다 조합원들은 시행업체가 아닌 데다 시행 경험이 없기 때문에 사업 과정에서 건설사나 정비업체 등 특정 주체에 끌려갈 수밖에 없는 현실적 한계가 있다.

　분명 지금 시기는 재개발·재건축을 통해 큰 수익을 기대하기란 매우 어렵다고 봐야 한다. 경험이 부족한 조합원들은 시행사로서의 역할을 제대로 할 수 없다. 비록 조합원 자율로 의사결정을 하도록 되어 있으나, 실상 여전히 많은 혼선이 빚어지고 있다. 모든 조합원이 재개발·재건축을 통해 떼돈을 벌 수 있다고 생각하는 순간부터 사업은 어그러지기 시작한다.

현실은 생각보다 훨씬 다르다. 그 이유는 이미 토지 가격이 크게 상승한 상황에서, 여기에 프리미엄을 주고 투자할 경우 사업성이 충분히 나오지 않는 지역이 많기 때문이다. 이로 인해 분담금을 추가로 부담하고, 입주 시점까지 투자한 전체 금액을 따져보면, 이자 비용과 사업 지연에 따른 추가 비용으로 오히려 손해를 보는 사례가 적지 않다.

5층 이하 용적률 100% 미만인 아파트가 어느 정도 사업 수익성이 있는데, 지금은 현실 불가능한 상태다(5층 이하 저층주택이 투자 수요가 가장 많다고 보면 된다). 용적률을 상향시켜 재개발·재건축 완화규제를 하고 있지만 앞으로 후대 입주자들은 용적률을 더 올릴 수 없어 100% 내 돈 내고 건축해야 하는 문제가 있다.

현재는 용적률 상향정책이 좋은 정책이라고 생각할 수 있지만 이건 분명 단기간의 주거문제를 해소하기 위한 사탕이고 과연 이 비싼 아파트를 사줄 수 있는 수요층이 있는가? 모든 부동산은 환금성이 필요하고 깔고 앉아 있는 돈은 의미가 없다. 그리고 향후 건물이 노후화된 상태에 이런 용적률 상향된 아파트는 어떻게 재건축을 해야 할지 현재로서는 대안이 없다.

앞서 말한 바와 같이 재개발·재건축은 문제점이 많다. 시공사가 정해지면 그때부터 시공사가 갑 행세를 하기 때문에 공사비 추가비용 부담 요구를 할 때 끌려가는 경우가 많다. 그래서 계약조항에 '어떤 상황에서도 입주 시까지 공사비에 대해 일절 조합원에게 추가 요구하지 않는다'는 문구를 명시한다.

그럼에도 시공사가 물가상승률이나 인플레이션을 이유로 공사 지연에 따른 공사비 인상을 요구하는 경우가 많다. 이로 인해 사업은 더욱 지연되며, 지연 기간에 발생하는 대출금 이자 부담은 조합원들에게 전가되고 있다. 결국 조합원들은 공사비 인상분에 대한 일정 금액을 떠안을 수밖에 없는 현실이다.

시공사와 계약할 때 방식은 '분양불' 계약과 '기성불' 계약 두 가지다. 분양불은 시행사가 프로젝트파이낸싱(PF)을 통해 토지비와 일부 사업비를 조달하고, 공사 중 발생하는 공사비는 시공사가 우선 부담하며, 이후 분양 수입으로 충당하는 방식이다. 반면 기성불은 시행사가 PF 자금을 통해 토지비뿐만 아니라 공사비를 포함한 전체 사업비의 80~90%를 조달하는 방식이다. 이 경우 조합은 대출로 공사비를 지급하며, 공사 진행 단계별 혹은 일정한 시점에 따라 시공사에게 공사비를 지급하게 된다.

분양불 방식의 문제는, 지금처럼 전국의 미분양 세대가 7만 호 넘는 상황에서는 더욱 두드러진다. 미분양이 발생할 경우 시공사가 그 부담을 떠안게 되므로, 조합원 입장에서는 분양불 방식으로 계약하는 경우가 많다. 반면 기성불 방식은 조합원이 사업 초기부터 대출이자를 감당해야 하기에, 미분양이 발생하면 막대한 이자 비용을 또 감당해야 하는 부담이 따른다.

그러나 시공사가 '갑'의 위치에서 요구조건을 내세우는 현실 속에서는, 분양불로 계약을 체결했다 하더라도 시공사가 기성불 조건으로의 전환을 요구하며 공사를 지연시키는 사례가 발생한다. 이로 인해 조합원은 이중의 손해를 입게 되는 경우가 적지 않음을 잘 알고 있어야 한다.

증권사, 저축은행, 새마을금고, 개발신탁(차입형 신탁사업) 등 다양한 PF 방식도 함께 참고할 필요가 있다. 이 모든 이자 비용과 분담금을 합산해보면, 차라리 일반 아파트를 분양받는 편이 경제적으로 훨씬 유리할 수 있다. 여하튼 수많은 문제와 갈등 속에서 수십 년을 머리 싸매고 싸워가며 돈 버는 것이 과연 행복한 부의 축적이라 할 수 있을지, 되묻지 않을 수 없다.

철거가 시작되면 시공사는 더 이상 급할 게 없다. 주민들은 거처를 옮겨 다니며 불편을 겪는 동안, 건설사는 느긋하게 공사비 증액을 요구할 것이고, 조합원들만 빚쟁이가 되면서 결국 조합 탈퇴도 못한 채 빚과 분담금 폭탄으로 각종 빚만 더 떠안게 되는 것이다. 만일 말을 안 들으면 공사 중단 상황과 함께 수억의 이자를 물어야 하는 상황에 처할 수 있다.

둔촌주공 사태를 보면 좀 더 많이 와 닿는 게 있다. 결국, 긴 시간 싸움에 시공사가 이기면서 지연비용 등 모든 비용은 조합원들이 부담하고 결국 떠들썩했던 문제에 정부까지 나서게 되어 '라이언 일병 구하기' 식으로 특례보금자리로 대출 규제 풀어 시공사 살리기를 했던 그 사실을 잊으면 안 된다. 내가 보기에 확실히 재개발·재건축 지역에 투자해서 돈 버는 시대는 끝났다.

5층 미만, 용적률 100% 미만의 아파트를 재건축하는 경우가 아니라면, 15층 이상의 아파트로서 용적률이 200% 수준일 경우에는 대지지분이 매우 적어 사업성이 안 나온다. 전에는 땅값이 싸고 인건비나 건축자재가 땅값에 비해 쌌지만, 지금은 아니다. 건축비와 인건비도 상당히 많이 올랐고, 인플레이션으로 건축자재비는 물론 시공사가 자금 융통하는 채권금리(15%대)와 시중금리(4%대)도 많이 올랐다. 그 때문에 이자가 2~3배 오른 상태에서는 더욱더 사업성 수익을 내기란 어렵다.

여기에 주변 아파트값도 떨어지고 있는 마당이다. 아파트값 떨어지고 있는 재건축·재개발 아파트를 살 생각은 못 하고 왜 소문에 사는지 모르겠다. 몇십 년 동안 머리 터지게 싸우고 투자할 생각하지 말고 비싼 가격에 차라리 팔고 나가든지 서로 합의금이 불만스러워도 현금 청산으로 돈 받고 나오는 게 돈 버는 것이다.

꼭 투자해야 한다는 가정하에 재건축을 하게 되면 R층 수에 상관없이 분양면적이나 토지지분에 따라 보상하게 되어 있기 때문에 아무래도 싸게 매입했던 아파트가 투자수익률이 높다고 판단된다. 입지 여건이 좋지 않은 주택단지는 대형 건설업체 등 시공사가 공사 수주를 꺼리는 경향이 있다. 반드시 조합원이나 투자자는 인지도가 있는 대형 건설업체가 수주하길 기도하자.

사업 중단의 위험이 적어서 새 아파트로 입주할 날만 손꼽아 기다리며 멋지고 긍정적인 생각으로 부자의 길로 한 발짝 내디딜 수도 있겠다. 재개발 투자를 꼭 해야겠다면 다음 내용을 다시 한번 더 확인하길 바란다. 묻지마 투자는 경계하자. 재개발 예상지 리스트만 보고, 지분값이 저렴하다고 덜컥 지분을 매입했다간 낭패를 볼 수 있다.

재개발은 적어도 15년 이상 걸리는 장기 사업이기 때문에 소문만 듣고 결정했다간 투자금이 하염없이 묶일 수 있다. 재개발은 사업단계에 따라 비용 부담과 안정성이 달라지는데 뚜렷한 개발 호재가 없거나, 자금조달 계획 없이 시세 차익만 바라보고 투자에 나설 때 복병을 만나기 쉽다.

재개발 기본 지식을 습득하고 현장을 돌아본 후 미래가치를 가늠한 후 투자에 나서야 한다. 지역 분석도 중요한 체크 포인트다. 재개발 예정구역이라도 지역과 입지에 따라 지분값이 상당히 차이가 난다. 재개발사업은 달동네라고 불리는 불량주택 밀집 지역을 밀어내고 새로운 주거단지를 조성하는 사업이다.

따라서 도시 외곽이나 비인기 지역을 고르기보다는 도심권에 위치하고 주변이 공공시설과 복합용도 시설 등 개발 호재가 많아 기반시설이 체계적으로 갖춰질뿐더러 주거 환경 개선이 이뤄지는 곳을 골라야 한다. 지역 분석을 통해 내재가치가 높은 지역, 대단지로 탈바꿈하는 지역은 개발이익이 높고 가격 경쟁 면에서 유리하다.

가격거품이 없는지도 따져봐야 한다. 최근 재개발 투자수요가 늘면서 지분값이 지나치게 과대 평가되어 거래되고 있다. 사업 추진 속도가 빠른 곳의 인기 지역의 경우 3.3m²당 약 7천만~8천만 원을 훌쩍 넘어선다. 지분매입 가격이 주변 시세보다 턱없이 높으면 조합원 추가 부담금까지 감당해야 할 경우 새 아파트 시세와 맞먹거나 오히려 높을 수 있다. 투자수익률을 면밀히 살피고 가능한 한 지분값이 급등하거나 높은 곳은 투자를 자제해야 한다. 까딱 잘못 투자했다가 투자 원금도 건지기 힘들 수 있다.

수익성 문제도 반드시 고려하자. 지분 쪼개기가 성행한 재개발단지는 아파트 건립세대 수보다 조합원 수가 많아 수익성이 떨어질 수밖에 없다. 서울 시내 구역지정을 추진하는 곳 중에 건립 가구와 조합원 수가 거의 같거나 적은 곳도 많아 투자에 따른 수익성이 낮아질 수밖에 없다. 이미 오를 대로 오른 가격에 거래되는 지역은 거품이 많아 가격조정이 들어가면 투자손실로 이어질 수 있다. 용적률이 낮거나 조합원 수가 많은 구역은 사업이 불투명해 투자에 신중해야 한다. 사업이 무르익을수록 안정성은 높지만, 비용 부담이 크다.

예전에 지분 쪼개기가 사회문제로 대두되면서 대체로 '물딱지'인지 잘 알아보고 투자는 하지만 그 외에도 투자를 결정할 때 확인해야 할 게 많다는 걸 꼭 명심하자. 초보 투자자는 우선 조합사무실에 들러 해당 지분의 감정평가액을 확인하고 추가 부담금 예상액을 따져볼 필요가 있다. 그리고 가능한 한 건축허가가 제한되어 더 이상 지분 쪼개기를 하지 못하는 지역을 골라 투자해야 한다.

재개발투자 시에는 민영·뉴타운·도시재정비촉진지구 등 개발 형태를 먼저 파악하고 건립세대 수와 조합원 수, 권리 가액, 대지 지분 규모 등 종합적으로 체크해봐야 한다. 아파트 실입주가 목적이라면 토지와 건물에 대한 감정평가가 내려져 권리 가액이 확정된 지분에 투자하는 것이 위험을 줄일 방법이다.

재개발투자는 예전처럼 내 집 마련과 시세 차익을 동시에 구현하는 '황금알을 낳는 거위'가 아니라는 점에서 보수적으로 투자해야 한다. 정부의 규제에 따라 재개발사업 기간도 많이 좌우되기 때문에 규제에 대한 불확실성 리스크가 많다는 것도 염두에 둬야 한다.

재개발지정구역 내에 있는 상대적으로 싼 빌라만 샀다가는 낭패를 볼 수 있다. 왜냐하면 대체로 싼 빌라는 대지 지분이 작으므로(재개발지정구역에 건물 가격은 감가나 노후화로 감정평가에서도 금액이 아주 낮고 일반적으로 땅값으로 평가받는다고 생각하면 된다) 조합원 분양 신청할 때 권리 가액이 낮아서 순위에서 밀려 평행대 선택하는 데 불리하다.

시세 차익이냐 실거주냐에 따라 진입 타이밍이 달라질 수 있다. 시세 차익을 목적으로 한 투자라면 관리처분계획인가 전 재개발사업 초기에 지분투자를 하는 것이 좋다. 비례율이 확실하게 정해지는 시기가 관리처분계획인가 시점으로 리스크가 가장 적어 이때 시세가 많이 오르고 프리미엄도 높아져 기대수익이 낮아질 수 있다. 특히 지분 시세는 평가액과 비례율이 공개되기 전에 정점을 찍는 경우가 많으므로 이때는 피하는 것이 좋다. 반면, 입주 목적이라면 평가액과 비례율이 공개된 후인 관리처분인가 단계에 매입하는 것이 안전하다.

재개발 입주권에는 프리미엄이 형성되어 있지만, 은행 대출에는 그 프리미엄이 포함되어 대출되지 않기 때문에 자금계획을 세울 때 고려해야 한다. 2018년도 이후의 관리 처분된 입주권은 매매가 불가능하기에 매수 가능한 물건인지 반드시 확인해야 한다. 공유지분으로 매입 시 입주권을 얻지 못할 수도 있으니 주의해야 한다.

예를 들어서 세 사람이 하나의 건물과 토지를 공동으로 소유했다면 한 사람만 조합원으로 인정되어 입주권을 얻지만, 나머지 두 명은 입주권을 얻지 못할 가능성이 있으므로 투자할 때 잘 확인해야 한다. 또 하나의 예를 들어, 매도인 A가 두 개의 부동산 물건을 소유하고 있는 상태에서 각각 B와 C, D에게 매도했을 때는 원칙은 B, C, D 중 한 사람만 조합원 자격을 얻을 수 있다. 따라서 조합원 자격을 얻지 못한 주택의 소유자는 시세보다 훨씬 낮은 가격으로 현금청산을 할 수밖에 없다. 이 물건을 다시 매수하는 사람도 현금청산이 되기 때문에 주의해야 한다. 단, 2011년 1월 1일 이전에 조합설립 인가를 받았다면 예외다. 따라서 조합사무실에 방문하여 거래 이력을 조회하여 조합원 지위에 하자가 없는지 확인해야 한다.

투기과열지구에서는 관리처분계획인가 이후 재개발 물건에 투자하더라도 조합원 자격을 획득할 수 없다. 따라서 해지 요건에 대한 특약을 정확히 명시해 계약해야 한다. 뭐니 뭐니 해도 재개발사업에 가장 진상은 종교 부지다. 재개발구역 내에 교회가 몇 개 있는지 확인해 보면 이 사업 기간이 연장될 가능성이 있는지 확인할 수 있다. 입주권이야 주변 시세보다 싸서 형성되는 가격만큼 이상 올라갈 수 있겠지만 분양권을 노리고 투자를 염두에 두고 있다면 반드시 주변 아파트 시세를 파악하자. 그래야 분양권 아파트 가격이 비싼지, 싼지 알 수 있다.

SM STORY

기회는 온다, 준비된 자에게

부자를 꿈꾸지만 부동산은 처음인 당신에게

불우했던 나의 어린 시절로 인해, 나는 평생 행복감이라는 것을 못 느끼며 살 줄 알았다. 하지만 삶이 내게 준 고난과 정신적 가난의 질병은 기어코 더 많은 지혜와 용기, 과감히 밀고 나가는 추진력을 주었다. 조금씩 거듭나면서 어느 순간, 행복감은 스스로 만들어내는 주관적 감정임을 깨달았다.

지독하게 내 목줄을 잡고 흔들던 지난날의 역경은 그 어떤 환경에서든 빨리 적응하도록 훈련시켰고, 세상을 냉철하게 꿰뚫는 통찰력을 길러주었다. 가난은 나의 생각, 나의 의지로 얼마든지 극복할 수 있는 것이 되었다.

부와 명예, 지위라는 것은 그저 하나의 표상일 뿐이다. 부자들은 가진 자산을 잃을까 봐 두려워서 그토록 부지런히 사는 게 아니다. 그들은 궁극적으로 자존감과 자존심을 지켜내기 위해 매사 노력하며 자신의 모든 것을 확장해 나아간다. 반면 가난한 자는 일하는 데 급급하기에 마음의 여유 없이 그저 바쁘게만 산다. 간절한 비전 없이 그냥 고군분투할 뿐이다.

일단 부자들의 마인드부터 장착하길 바란다. 나는 부동산으로 성공한 사람이다. 수많은 인간관계 속에서 치열하게 살면서 얼마나 많은 경험을 했겠는가. 성공하려면 비범해져야 한다. 비범해지려면 끊임없이 자기계발을 하며 성공을 포착하는 긍정의 눈을 길러야 한다.

똑같은 대상을 놓고 바라보는 시각이 천차만별이다. 가난한 자는 부정적 시각으로 걱정부터 하고 잘못된 결과 먼저 상정한다. 반면, 부자들은 낙관적이고 긍정적인 면부터 살핀다. 원하는 바의 청사진을 펼치고 현실적인 갈 길을 그린다. 그러고는 어마어마한 집중력과 실행력으로 그것을 현실화한다. 이런 면에서 볼 때, 부자라는 것도 재능이지 싶다. 중요한 점은 해보는 거다. 주저하지 말고 일단 실행하는 거다. 가난은 정신병이다. 자기 한계를 지레 두고 부정의 늪에서 허우적대는 이 나쁜 마음의 병을 걷어차고 일어나야 한다. 실패하든 성공하든 일단 밖으로 나가 도전해야 한다.

업의 특성상 부동산 분야는 더 그렇다. 일단 실제로 나가서 경험해야 큰 브리핑을 만들든 돈으로 연결하든 한다. 원투룸, 큰 빌딩을 중개해본 경험이 있다면 컨설팅을 하는 데 문제가 없을 것이다. 하지만 이런 경험이 없다면 당연히 컨설팅을 잘할 수 없다. 그만큼 경험적 기초가 중요하다.

부동산은 나의 인생이자 내가 빚는 예술이다. 인생은 언제나 암초와 소용돌이 속에 있다. 피할 수 있다면 좋겠지만, 인생이 어디 그리 호락호락하던가. 나는 손마디가 동상에 걸릴 만큼 매서운 한겨울의 혹한기에도, 땀띠가 날 만큼 살인적인 한여름의 폭염 속에서도 부동산 전단지를 들고 현장을 뛰어다녔다. 그 덕분에 나의 분양 현장은 언제나 완판으로 마감되었다.

나는 대표라고 해서 가만히 앉아 있지 않았다. 늘 현장에서 나부터 몸으로 부딪치며 솔선수범했다. 일을 마치고 가장 행복한 순간은 직원들과 함께 술잔을 기울이며 부동산 이야기를 나눌 때다.

나는 부동산에 미쳐 있는 또라이다. 그래서 여기까지 올 수 있었다. 불우했던 어린 시절에 한술 더 떠 40대 초반 수백억의 빚을 지고도 나는 오뚝이처럼 다시 일어섰다. 그 모든 것은 나의 오기와 끈기, 그리고 신념 덕분이었다. 나는 정선미니까.

당신도 당신의 이름을 걸고 해보자. 스스로 지레 한계를 두지 말고 자신을 믿고 뛰어보자. 내가 나를 인정해야 사람들도 날 인정한다. 사지가 멀쩡한데, 뭔들 못 하겠는가! '노가다 정신'으로 다시 잘살아보

자. 잘나지 않아도 잘살 수 있다. 잘나지 않아도 부자가 될 수 있다. 나 자신을 믿고 멋지게 비상하자. 책상머리에서 이론적 공부만 하지 말고 현장에서 처절하게 몸으로 공부해야 한다. 땅 위에서 땅을 딛고 내 것으로 만들어봐야 한다. 의도적으로 바뀌려고 노력하고 뭐든 할 수 있다는 긍정적 자기최면을 걸고 무대뽀로 나가봐야 한다.

나는 확신한다. 그래서 강권한다. 나의 가치를 만들어서 브랜딩하고 보상받을 수 있는 가장 확실한 길은 바로 부동산업을 배우는 것이다. 누구의 눈치를 볼 필요도 없이, 그냥 묵묵히 해보자.

재벌이 아닌 집안을 원망하지 말고, 남 탓하지 말고, 나의 결핍을 있는 그대로 인정하자. 그다음 부자의 습성을 철저히 연구하고 내 안에 이식하자. 그러고는 비로소 성공으로 가는 계기를 부동산업으로 만들며 멋지게 살아가자.

가난한 생각을 버리고 깨어나라. 지금 당장 땅을 딛고 걸어라. 기회는 반드시 온다, 언제든 준비된 자에게.

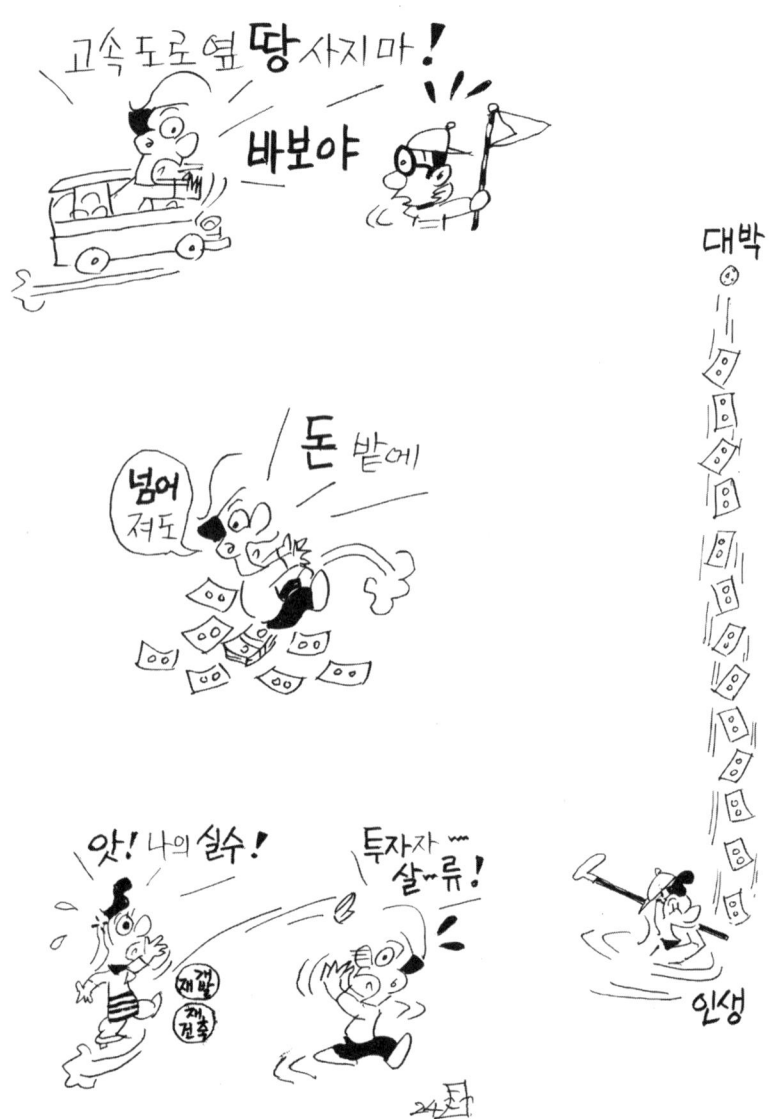

한 번에
이루어지는 것은 없다

사실, 나는 지금도 '삶의 여유'라는 것에 익숙하지 않다. 지긋지긋한 가난에서 벗어나고자 젊은 시절부터 나 자신을 닦달하며 치열하게 살아온 사람이니까. 무언가 실행하지 않으면 나만 도태되리라는 불안증 때문에 나는 내 안의 슬픔도, 아픔도 다 외면한 채 그야말로 무소의 뿔처럼 혼자서 갔다. 늘 아무렇지 않은 듯하면서 말이다. 삶이 페르소나 그 자체였던 거다.

내 아이들에게 절대 가난을 물려주고 싶지 않았다. 모든 엄마가 그렇듯 나 또한 내 아이들이 나의 지난 전철을 밟지 않길 바랐다. 그러려면 이 자본주의사회에서 어떡하든 돈을 벌어야 했다. 그 최고의 수단이 바로 부동산이었다.

부동산의 힘은 어마어마하다. 부동산에는 기본적으로 하방경직성이 있기 때문이다. 자수성가형 투자자로 나선다면, 부자가 될 기회는 반드시 온다. 100세 시대라 명명할 만큼 사람 수명이 길어지면서 부동산 투자는 이제 선택이 아닌 필수가 되었다.

30여 년 남짓의 긴 세월 동안 나는 수많은 현장에서 밭을 갈았고, 그 노력들로 말미암아 종두득두(種豆得豆)의 배신하지 않는 결과물들을 손에 쥐었다. 그 덕분에 경제적, 시간적 여유라는 것이 내 삶에 들어왔다.

뜬금없는 얘기지만, 나는 골프를 좋아한다. 그런데 치면 칠수록 참으로 어려운 운동이 골프이지 싶다. 연습을 끊임없이 해도 필드에 나가면 만족할 만한 스코어를 좀처럼 못 낸다. 힘이 잔뜩 들어간 스윙 탓이다! 욕심을 담아 서두른 퍼팅 탓이다!

왜 이 이야기를 하냐고? 부동산도 골프와 비슷하기 때문이다. 열정과 돈만 있으면 다 될 것 같은데, 웬걸. 서두르면 엎어지고 주저하면 날아간다. 참 어렵다.

입문하여 첫 투자 때 어쩌다 수익을 내고, 그다음 투자 때 더 큰 수익을 꾀하다가 마이너스 손해가 나거나 사기당하는 일이 얼마나 많던가. 성공적으로 부동산 투자를 해나가려면 정부정책은 물론 시장의 흐름을 읽어 예측하고 대처할 실력을 갖춰야 한다. 그러려면 오랜 노력, 많은 현장 경험이 깃들어져야 한다.

머리로는 최적의 코스, 최적의 타수를 그리지만 생각처럼 볼이 안 따라주는 골프처럼, 투자도 원하는 대로 수익이 착착 따라주지 않는다. 그러니 전문가 못지않은 공부와 발품이 필요하다. 면밀한 정보 분석을 통해 예측할 줄 알아야 하는 것이다.

내리막길의 경사도 심한 구간, 개미허리만큼 좁은 구간 등 다양하게 펼쳐진 필드에 적응하며 풍향과 풍속까지 고려해야 하듯, 부동산도 입지와 투자 적기를 봐가며 접근해야 한다. 레버리지를 이용할 것인지, 갖고 있는 자금만으로 투자할 것인지, 그때그때 걸맞은 판단으로 실행이 들어가야 한다. 세상 쉬운 일 없다고, 부동산 투자 또한 마찬가지다.

부동산의 다양한 상품 경험이 뒷받침되어야 한다. 아파트, 토지, 상가, 경매 등 투자 경력이 쌓이다 보면 어느 순간 전문가가 된다. 그럴 때 이른바 '워라밸'이 가능한 삶도 현실화할 수 있다.

한 번에 이루어지는 것은 없다. 투자는 온전히 내가 감당해야 하는 내 몫이다. 그래서 이 책을 읽어야 한다. 지난날의 나처럼 수많은 시행착오를 겪으며 헤매고 있는 부린이 여러분에게 이 책이 괜찮은 부동산 입문서가 되길 바란다. 이 책을 통해 부동산 투자법은 물론 세상을 헤쳐 나아갈 길과 꼭 갖춰야 할 부자 마인드까지 잘 전달되길 바란다. 그래서 정말 부자가 되길 간절히 바란다.

한 번 주어진 인생, 가난과는 얽히지 말자. 눈과 귀를 열어 세상을 꿰뚫자. 든든한 인생의 동반자 같은 백그라운드, 부동산에 눈을 뜨자. 이 책을 통해 이 모든 계기를 열어보자.

부자를 꿈꾸지만
부동산은 처음인 당신에게

초판 1쇄 인쇄 2025년 9월 25일
초판 1쇄 발행 2025년 10월 1일

지은이 | 정선미
펴낸이 | 박찬근
펴낸곳 | (주)빅마우스출판콘텐츠그룹
주　　소 | 경기도 고양시 덕양구 삼원로 73 한일윈스타 1422호
전　　화 | 031-811-6789
팩　　스 | 0504-251-7259
이메일 | bigmouthbook@naver.com
편　　집 | 미토스
표지디자인 | 최치영
본문디자인 | 디자인 [연;우]

ⓒ 정선미

ISBN 979-11-92556-45-1 (03320)

※ 잘못 만들어진 책은 구입처에서 교환 가능합니다.